1日1分! かんたん! 100を切る!

体幹ゴルフ入門

一目でわかる
イラストレッスン

素朴な疑問
Q&A

幻冬舎

はじめに

私はＰＧＡ（日本プロゴルフ協会）プロテストに合格以来40年にわたり、ツアーに参戦するかたわら、多くのアマチュアゴルファーのレッスンに携わってきました。

レッスンでは、初めてクラブを握るという人から、アマチュア競技で毎回のように入賞するローハンディの方まで、様々なゴルファーにアドバイスをしたり、正しいスイングを身につけるためのエクササイズを教えたりしていますが、私が気になるのは、**「言葉で理解する」ことと、「体ができる」ということの間に、かなり大きな隔たりがある**ということです。

例えば「左の壁を作れ」とよくいわれますが、本人は作っているつもりでもできていないことがあります。これは壁というものを頭では理解できても、体で分かっていないからです。そこで、「いすに左足を乗せ、ゆっくり全体重を左足にかけて伸び上がってみてください。これが左の壁ができた時の足の感触です」（40ページ参照）と指導しました。これを**体感後すぐにクラブを振ると、見事に左の壁ができる**のです。体感した生徒さんは皆、こんなにしっかり作れるとは思わなかったとおっしゃいます。つまり、左の壁の意味は理解できていても、体が分かっていなかったのです。

ゴルフクラブを振って覚えるよりも別の体感を通したほうが、より正しいスイングの形や、本書でくわしく解説している**「体を動かす力」の使い方**の理解につながります。体が一度覚えれば、同じ感覚をクラブを握って思い出せばいいのです。もし、忘れてしまっても、またいすに乗ってみれば思い出します。これを繰り返していくうちに、自然にゴルフが上達していくというわけです。

言葉で説明するよりも、様々な方法で体感を通して教えたほうが効果的だということが分かってからは、数多くの方法を試し、レッスンの場で実践し、大きな効果をあげてきました。

そこで理論ではなく「体感」して上達する方法を知っていただきたいと思い、本書を記しました。ゴルフ上達のポイントを体感できる方法や、ゴルフのスイングに必要な体の軸や動かし方を具体的に感じる方法など、「目からウロコの体幹体感ゴルフ」を紹介しています。

また、ゴルフが上達するためには、それなりの筋力と柔軟な体が必要ですが、**この「体幹体感」方法のほとんどは、エクササイズやストレッチにもなっている**ので、毎日のトレーニングに加えてみてください。そのほかのエクササイズのメニューも掲載していますので、ゴルフにあった体作りのためにご利用ください。

実をいうと私は、若いころは力任せにボールを操ろうとした時期がありました。しかし、40歳を過ぎたころ、ひじやひざを痛め、一時はプロゴルファーとして試合に出ることすら危ぶまれたのです。その治療のプロセスの中で感じたのは、**体の構造に逆らわず、自然にクラブを振ることの大切さ**でした。力任せではなく、自然に振ったほうが、ショットの精度も、飛距離も向上したのです。さらにその後、私は体を痛めることがほとんどなくなりました。ゴルフにあった柔軟な筋力をつけ、体の中心を意識した自然な動きの中でスイングすることがとても大切だということを、身をもって知ったのです。

本書を読みながら実際に「体幹体感」をすることで、**読者の皆様のショットの精度がアップし、飛距離が伸び、さらにはスコアアップが実現できる**と信じています。

読者の皆様が永くゴルフを楽しんでいただくために、ぜひ本書をお役立てください。

平林孝一

注意　本書の「体感」を始める前に、必ずストレッチをしてください。
本書は便宜上、すべて右利きの方を想定して書かれています。

体幹ゴルフ入門　もくじ

はじめに　2

Part 1
体で実感 体幹ゴルフの極意35

1 すべての基本は「ペンギンのポーズ」　12
2 体がバラバラに動くことを体感　13

3 スイング時に順々に動く筋肉を体感 …… 14
4 スイング時の脇腹の伸び縮みを体感 …… 16
5 肩関節の柔軟性を体感 …… 18
6 正しい体の回転を体感 …… 20
7 右胸・右上半身の動きを体感 …… 22
8 手首から肩までの動きを体感 …… 23
9 ヘッドスピードが出る手の動きを体感 …… 24
10 スイング時の腕の筋力を体感 …… 25
11 上腕の回転と脇の締まりを体感 …… 26
12 脇の締まりとひじの柔軟性を体感 …… 27
13 テイクバック時でも「三角形」を維持する筋肉を体感 …… 28
14 体の軸回転と肩の入れ具合を体感 …… 30
15 フォロースルー時の左腕の「ねじられ感」を体感 …… 31
16 「股関節で回転する」ということを体感 …… 32

17 ゴルフに不可欠な股関節の動きを体感……33
18 上・下半身の動きとスイングの関係を体感……34
19 ゴルフに必要な筋肉「内転筋」を体感……36
20 下半身の力の入れどころを体感……37
21 アドレスでの「前体重」を体感……38
22 「左右の壁」や体重移動を体感……40
23 アドレス時の体重のかけ方を体感……42
24 「左右の連続横跳び」でスイング中の体重移動を体感……43
25 自分の筋肉の強い部分と弱い部分を体感……44
26 スイング中の手首の動きを体感……45
27 正しいグリップを体感……46
28 正しく握って「ヘッドが走る」を体感……47
29 上腕のねじりとタメを体感……48
30 手首を回して柔軟性を体感……49

Part 2 21の体幹ゴルフエクササイズ

31 扇子を開いてインパクトを体感 50
32 パッティング時の「しっかり打つ」を体感 51
33 大股歩きで正しい姿勢を体感 52
34 時計をイメージしたスイングを体感 53
35 いいスイングのための内転筋と背筋を体感 54
1 首と肩の筋肉を鍛える 58
2 背筋と上腕を鍛える 59

③ 背筋を鍛える 60
④ 肩と胸の筋肉を鍛える 61
⑤ 腹筋を鍛える Ⅰ 62
⑥ 腹筋を鍛える Ⅱ 63
⑦ 腹筋を鍛える Ⅲ 64
⑧ 側腹筋を鍛える Ⅰ 65
⑨ 側腹筋を鍛える Ⅱ 66
⑩ 側腹筋を鍛える Ⅲ 67
⑪ 腹筋と側腹筋を鍛える 68
⑫ 腹筋と背筋を鍛える 69
⑬ 大腿筋を鍛える 70
⑭ 大腿筋と下腿三頭筋（ふくらはぎ）を鍛える 71
⑮ 上腕、背筋、大腿筋を鍛える 72
⑯ 腹筋、背筋、殿筋を鍛える 73

17 肩の柔軟性を高める 74
18 側腹筋の柔軟性を高める 75
19 股関節の動きをよくする Ⅰ 76
20 股関節の動きをよくする Ⅱ 77
21 股関節の動きをよくする Ⅲ 78
素朴な疑問 80
さくいん 93

協力　山口光國（理学療法士）
装幀　石川直美（カメガイ デザイン オフィス）
イラスト　内山洋見
カバー画像　Lu Mikhaylova/Shutterstock.com
本文デザイン・DTP　美創

Part 1

体で実感
体幹ゴルフの
極意35

ゴルフのレッスン書や雑誌を読んで、理論は分かったつもりでも、
実際にスイングするとどうもうまくいかない。
そんな時は、ほかの方法で体を動かすことで、コツをつかめることがあります。

ここでは「体で実感 体幹ゴルフの極意35」を紹介しています。
その多くがエクササイズにもなりますので、実践してみてください。

スイングが乱れてきたら このポーズをとって深呼吸する

1 すべての基本は「ペンギンのポーズ」

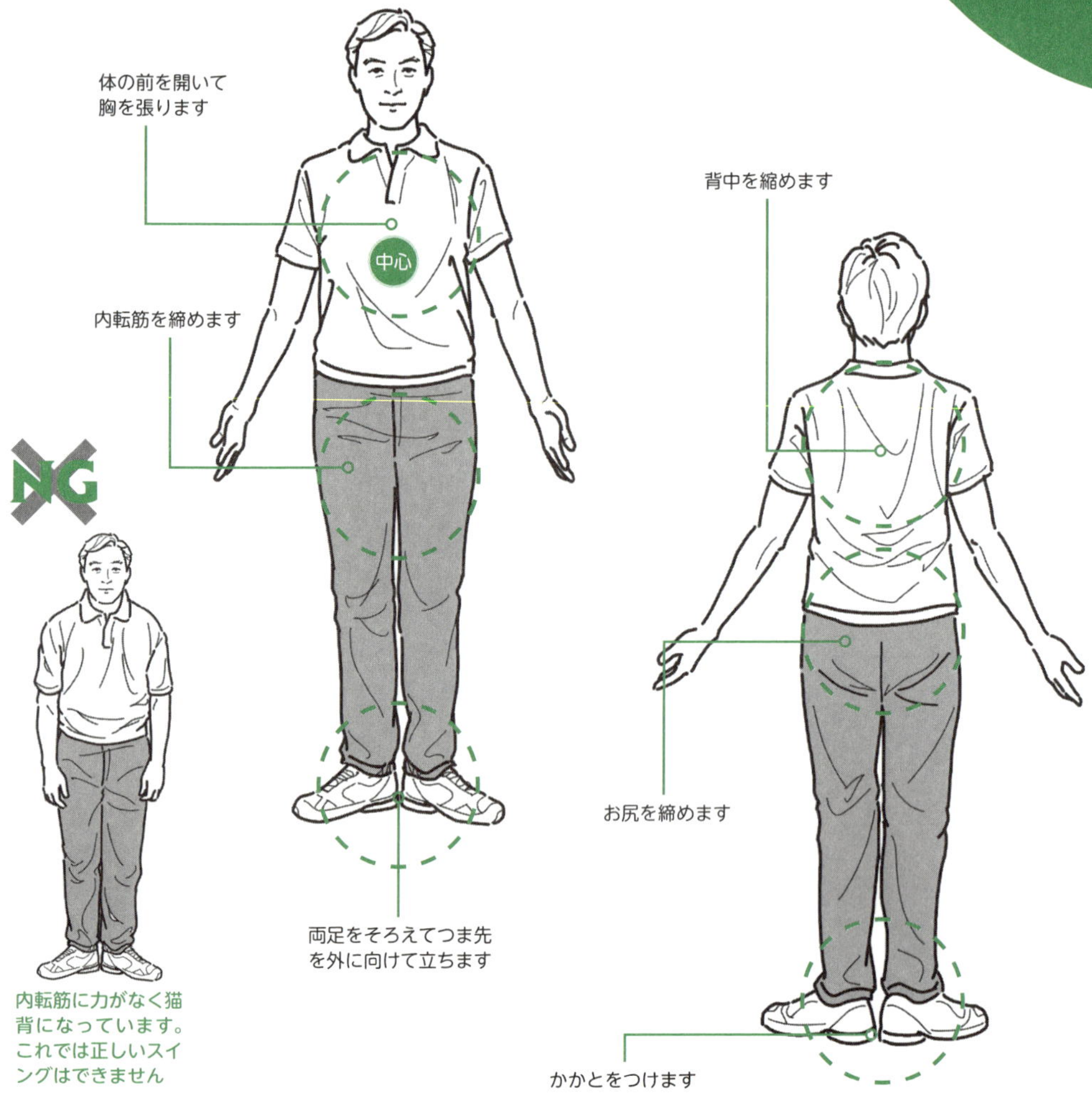
体の前を開いて
胸を張ります
中心
内転筋を締めます
背中を縮めます
お尻を締めます
両足をそろえてつま先
を外に向けて立ちます
かかとをつけます
NG
内転筋に力がなく猫
背になっています。
これでは正しいスイ
ングはできません

ゴルフの基本は、まずは姿勢です。しかし、多くの方が猫背になっていたり、左右に傾いたりしています。そこできちんと立つということが分かるように、私がおすすめしているのが「ペンギンのポーズ」です。このポーズで立っているだけで、ゴルフで使う筋肉が体感できます。

まず、かかとをつけてつま先を開き、次に胸を張って両手を広げます。胸を張ると、背中の肩甲骨の間が縮まるのが分かります。

何度かこのポーズをすることで、肩甲骨を動かす筋肉が軟らかくなります。この筋肉が**スムーズなスイングを生み出す**のです。

また、かかとをつけてつま先を開くと、自然と内転筋に力が入ります。内転筋は、**テイクバック、フォロースルーの際に、左右の壁を作るために必要な筋肉**です。このポーズをとることで、これらの筋肉を感じることができるだけでなく、「体の軸」、体幹を体感することもできます。

「ペンギンのポーズ」のまま、体を揺すってみたり、腕を左右に振ったりしてみてください。体の様々な部分が、「軸」を中心に揺れていることが分かります。

2 体がバラバラに動くことを体感

体が正面を向いても、腕は右後ろ この時差の動きが捻転を生む

足を肩幅に広げて立ち、
両手を広げます
右肩は開き、左肩は
閉じます
この部分の時差の動きが、
捻転を生みます
お腹が回ってから
腕が正面にきます
腕は惰性で左後方に
振られます

ゴルフのスイングは、背骨を軸にし、肩や腕を回転させます。

この時、**腕、肩、お腹、股関節、足はバラバラ**に動きます。これは、「でんでん太鼓」を回転させるのに似ています。

太鼓につながるひもと玉の部分が、腕です。

人間の体は骨盤を境に、上体は左右に回転させることができます。でんでん太鼓でいえば、回転させる柄の部分と太鼓のつなぎ目も柔軟に動くのです。

両腕を開いてでんでん太鼓のように振ってみると、体がバラバラに動くとはどういうことかが体感できます。

ゴルフのスイングは、一度テイクバックで両手は後ろに回り、お腹も後ろに回ります。ここから**お腹は正面のほうへ動きますが、手はまだ後ろに**あります。

お腹が左に回ってから、ようやく手は正面にきます。お腹が回りきると、手は自然についてきます。

3 スイング時に順々に動く筋肉を体感

飛距離を伸ばすには 体をバラバラに動かす

両腕を飛球線方向に放り投げるような動きをします

POINT
足から体、腕、手の先まで、順々に動いていくことが分かります

スイングの時には、腕、胸部、腹部、腰がバラバラに順々に動きます。このバラバラの動きが、大きなパワーをクラブに伝えることができる秘訣なのです。

単に**体の真ん中を中心に腕を左右に動かすだけでは、クラブに伝わるパワーは、動かした力の分だけ**にしかなりません。

体の各部がバラバラに動くことで、体全体が鞭のようにしなり、より大きなパワーをクラブに伝えることができるのです。

スイングのフォームで、体の各部がバラバラに動くということを体感してみましょう。

クラブを持たずに手だけでスイングをします。両手を開いて体の前で振ってみます。体の各部を意識しながら振ると、何度か振っているうちに、**一緒に動くのではなく、それぞれが順々に動いていく**のが分かります。

ティーショットを待っている間などに、この動きをするといいでしょう。体も回るようになります。

◎筋肉がバラバラに動くということ◎

スイング時、筋肉
はそれぞれバラバ
ラに動いています

斜面やバンカーでざっくり、またはトップが出るのは筋肉がバラバラに動いていないため。このバラバラの動きができないと、腰や手首を痛めてしまいます。正しい筋肉の動き方を、ゆっくりスイングして体感しましょう

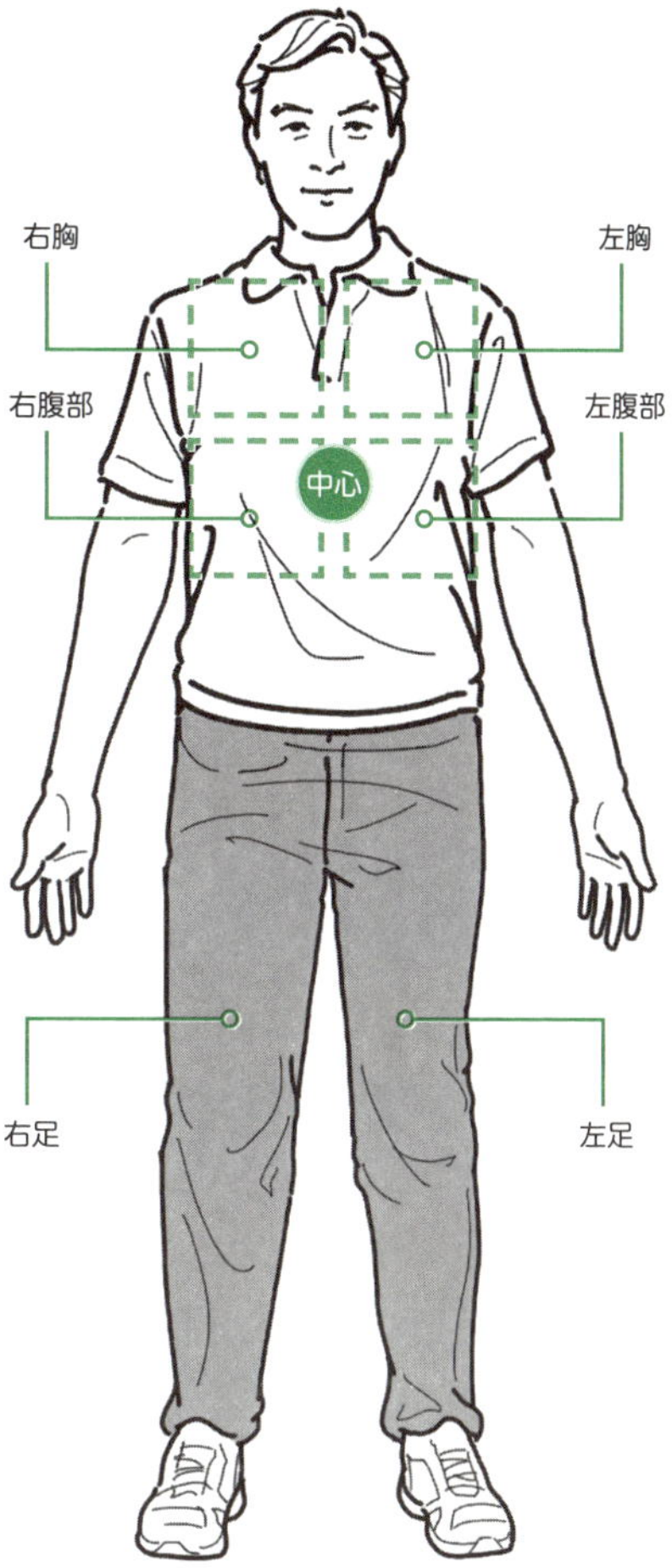

みぞおちを中心に、右胸、左胸、右腹部、左腹部、右足、左足の筋肉が、バラバラに動くことを体感しましょう

4 スイング時の脇腹の伸び縮みを体感

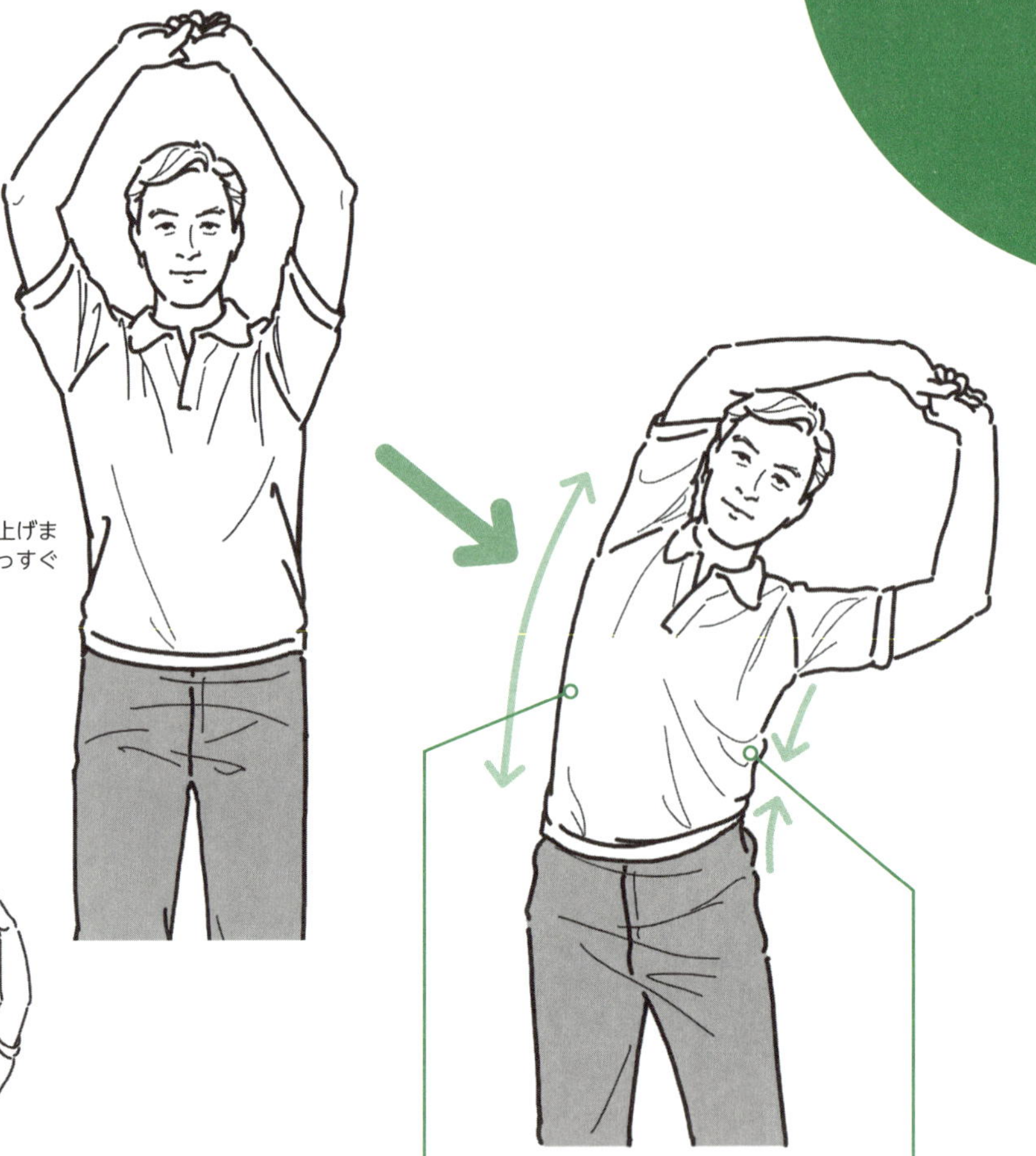

両手を組んで上げます。背筋はまっすぐに伸ばします

ゆっくり左に傾けて、右脇腹が伸びるのを感じてください

同時に左脇腹が縮むのも感じてください

前屈みになると、脇腹が伸びません

テイクバックからフォロースルーまでに使う、脇腹の伸縮を体感しましょう。

テイクバックの時、フォロースルーの時、**それぞれに脇腹は伸び縮み**しています。

テイクバックの時には左脇腹が、フォロースルーの時には右脇腹が縮みます。

この感覚を体感するために、両手を頭の上で組み、頭を動かさないようにして、右脇腹を伸ばしましょう。

これがテイクバックの時の脇腹の伸びです。当然、左脇腹は縮んでいます。

次に、同じく頭を動かさないようにして、左脇腹を伸ばしましょう。

これがフォロースルーの時の脇腹の伸びです。この時、右脇腹は縮んでいます。

これを体感した直後にスイングをしてみてください。左右の脇腹に**同じような感覚があれば、正しいスイングをしている**ことが分かります。

スイング時の脇腹の体感方法はほかにもあるので、次のページでご紹介します。

テイクバック時は左脇腹が フォロースルー時は右脇腹が縮む

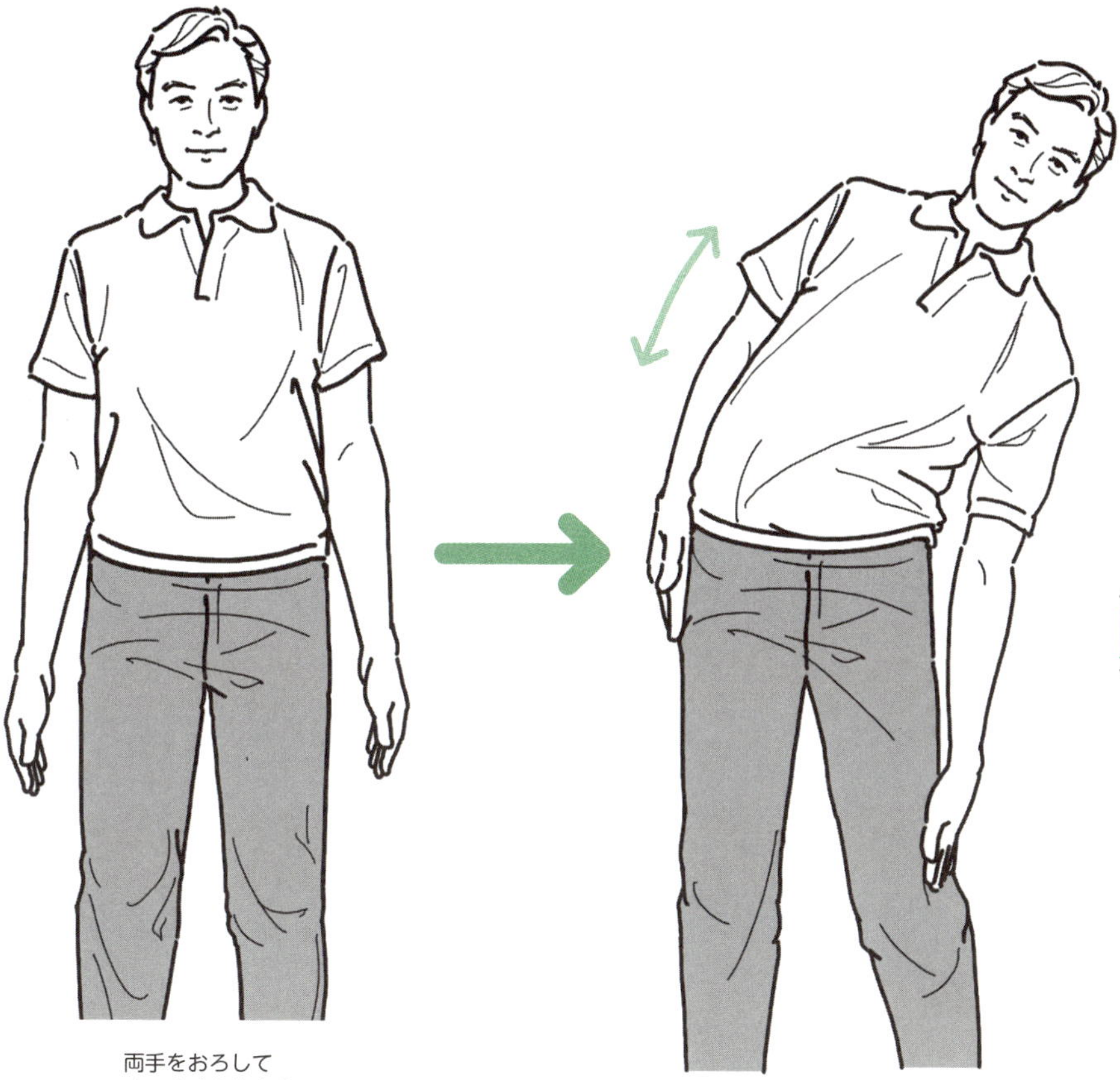

両手をおろして
まっすぐ立ちます

手を足につけ、
片方を下げます

前屈みになると、
脇腹が伸びません

◎もっと強く体感したい場合◎

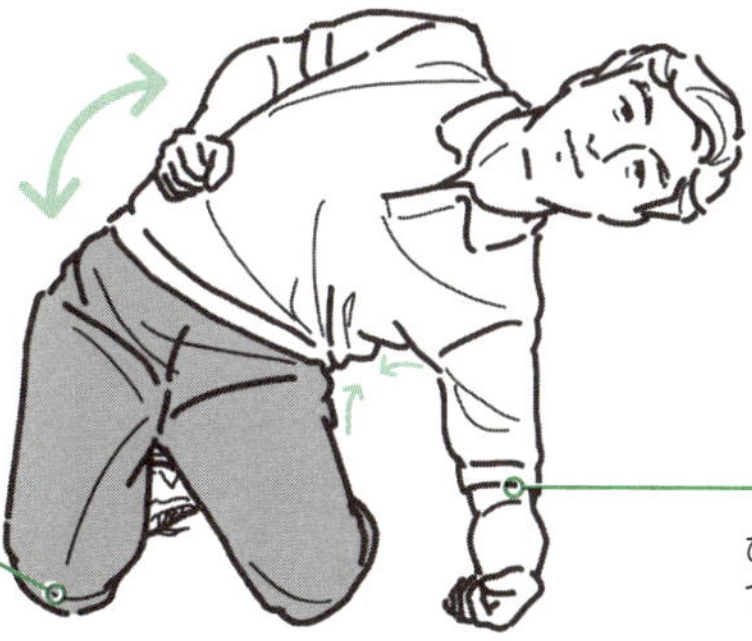

正しい姿勢でクラブが振れていると、テイクバックの時に右脇腹はしっかりと伸び、左脇腹は縮んでいるのが感じられます

POINT
脇腹の伸び縮みが体感できます

5 肩関節の柔軟性を体感

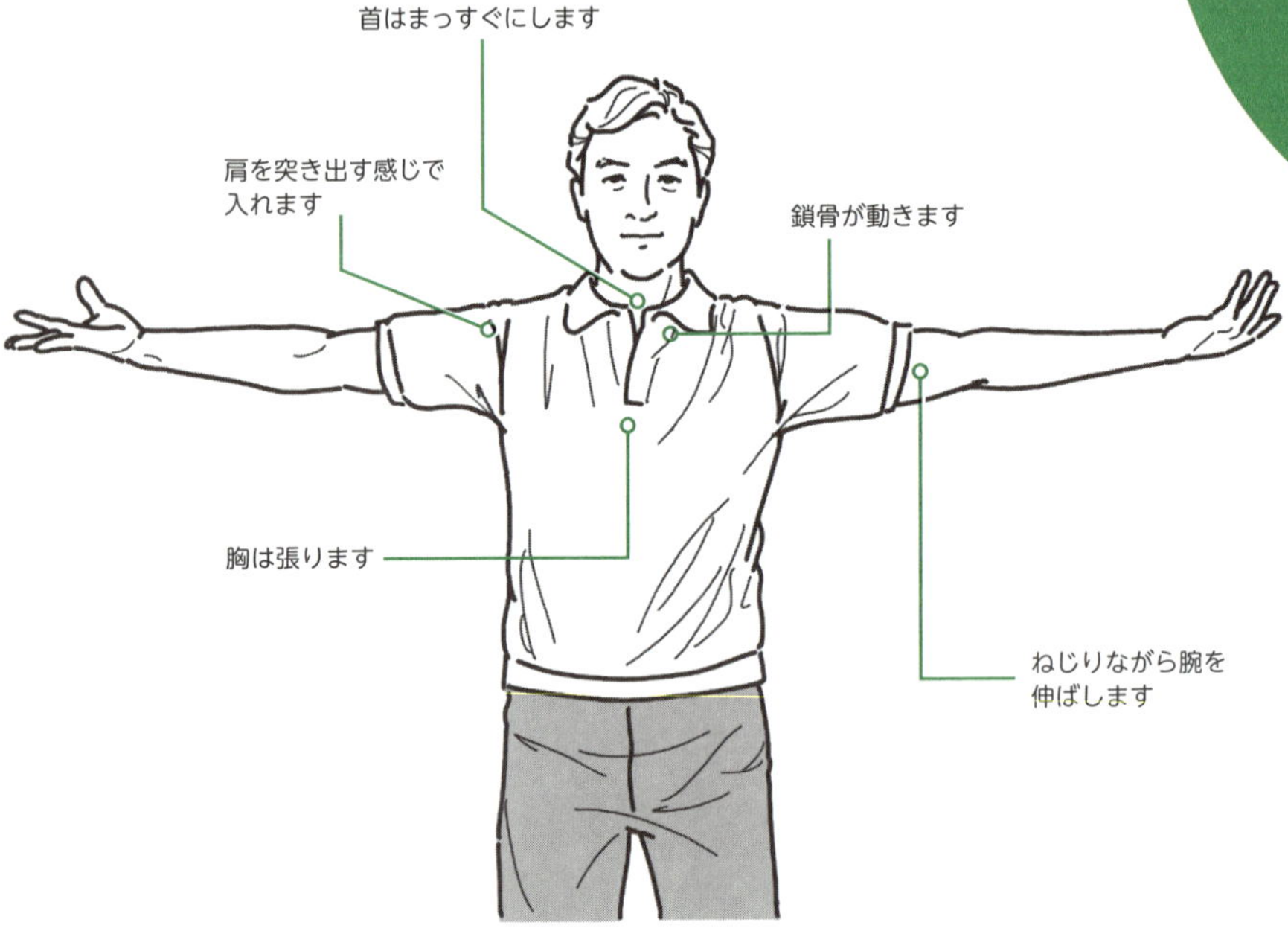
首はまっすぐにします
肩を突き出す感じで入れます
鎖骨が動きます
胸は張ります
ねじりながら腕を伸ばします

NG
胸を張っていないと、肩も入らず、腕のねじりもない力のないポーズになります

反対も同様に行います

POINT
腕の柔軟性を高めるエクササイズにもなります

スイングでは、**グリップした手を頂点とし、胸を底辺とした三角形を、できるだけ崩さずにスイングする**ことが大切です。その回転に、肩からの上腕のねじれが加わると、インパクト時に大きなパワーをボールに伝えることができます。

このねじれを作るのが、肩関節です。肩関節の強さと腕の柔軟性で、高速パワーを作り出すのです。

肩関節と腕のねじれを体感してみましょう。

両手を左右に突き出し、右腕と左腕を逆の方向にねじります。できるだけ強く、上腕に張りを感じるくらいまでねじります。

次に、右腕を斜め上に上げ、左腕を斜め下に下げて、同じく右腕と左腕を逆の方向にねじります。この時、肩を入れる感じでねじりましょう。その後に、左右逆に同じ運動を行います。

この**肩関節と腕の柔軟性は、スイングの際のねじりにとって大切な要素**です。

これはこのままエクササイズにもなりますので、お風呂上がりなどに毎日行うと、強さと柔軟性が増し、パワーボールを打つ下地ができあがります。

肩関節の強さと腕の柔軟性で、大きなパワーを作り出す

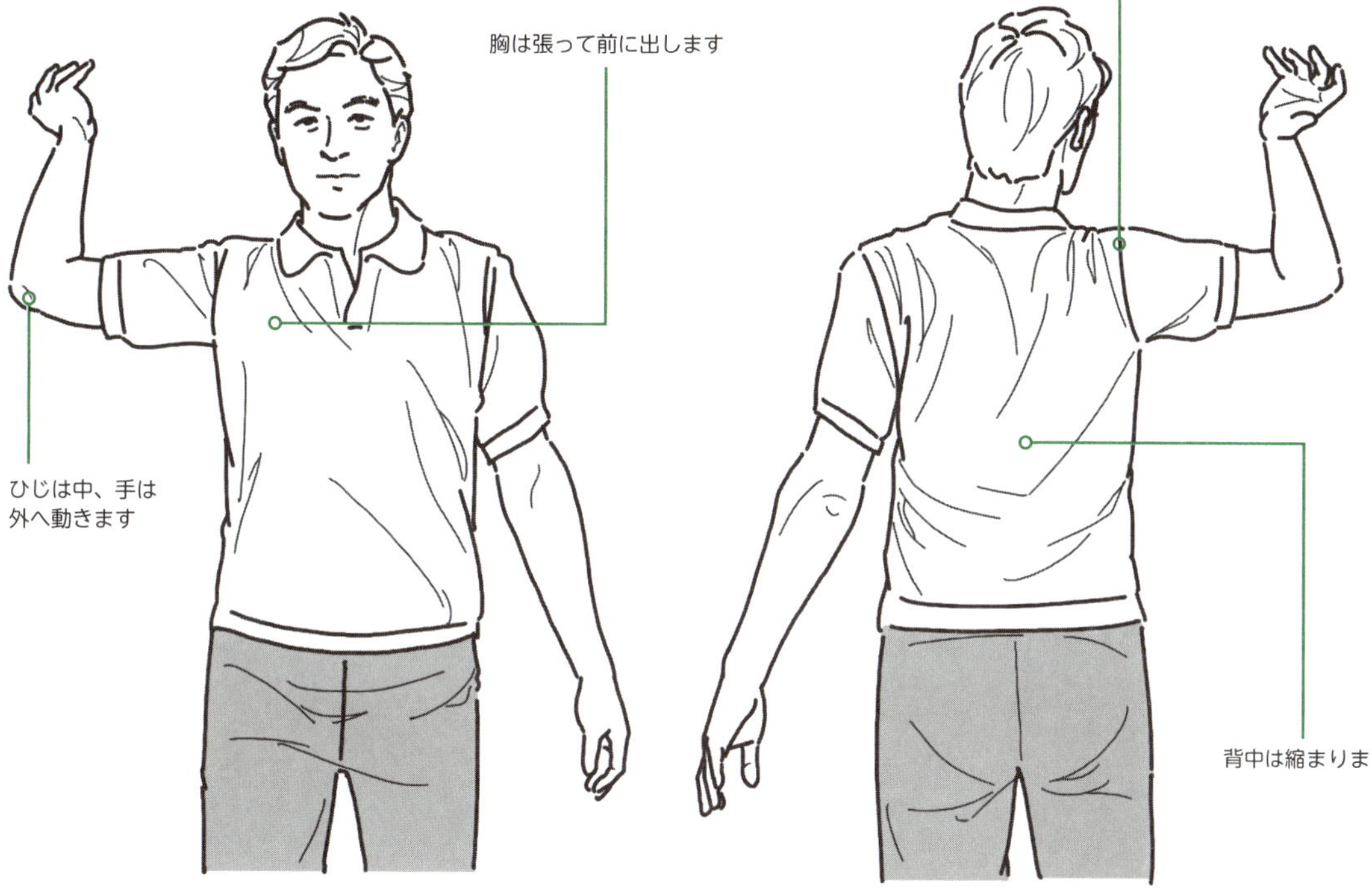

胸は張って前に出します
ひじは中、手は
外へ動きます
肩は後ろに
ねじります
背中は縮まります

NG

前屈みになっていると、上腕のねじりができません

◎テイクバックの時のねじれ◎

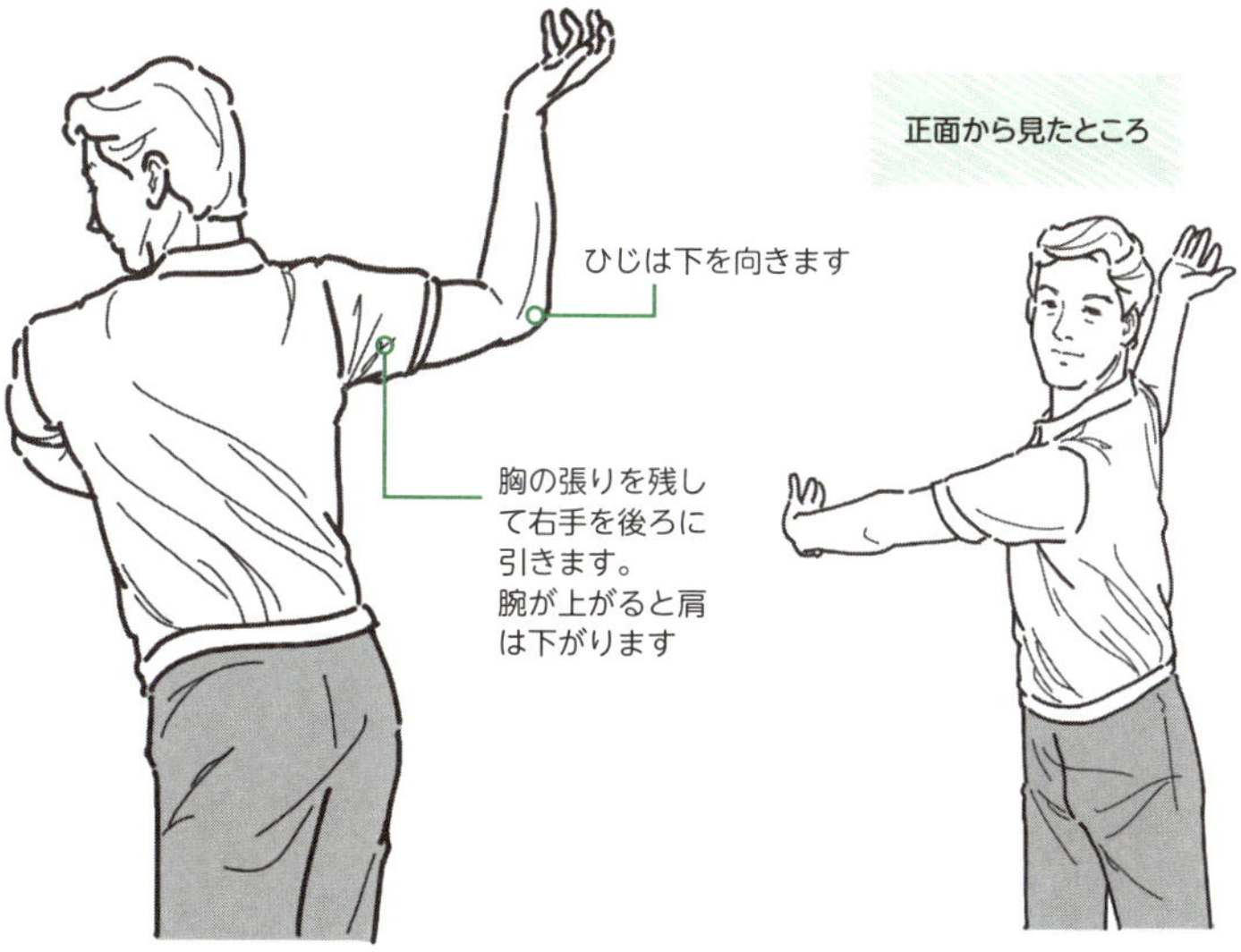

正面から見たところ
ひじは下を向きます
胸の張りを残して右手を後ろに引きます。
腕が上がると肩は下がります

6 正しい体の回転を体感

胸を張ったまま体が回転してスイングする

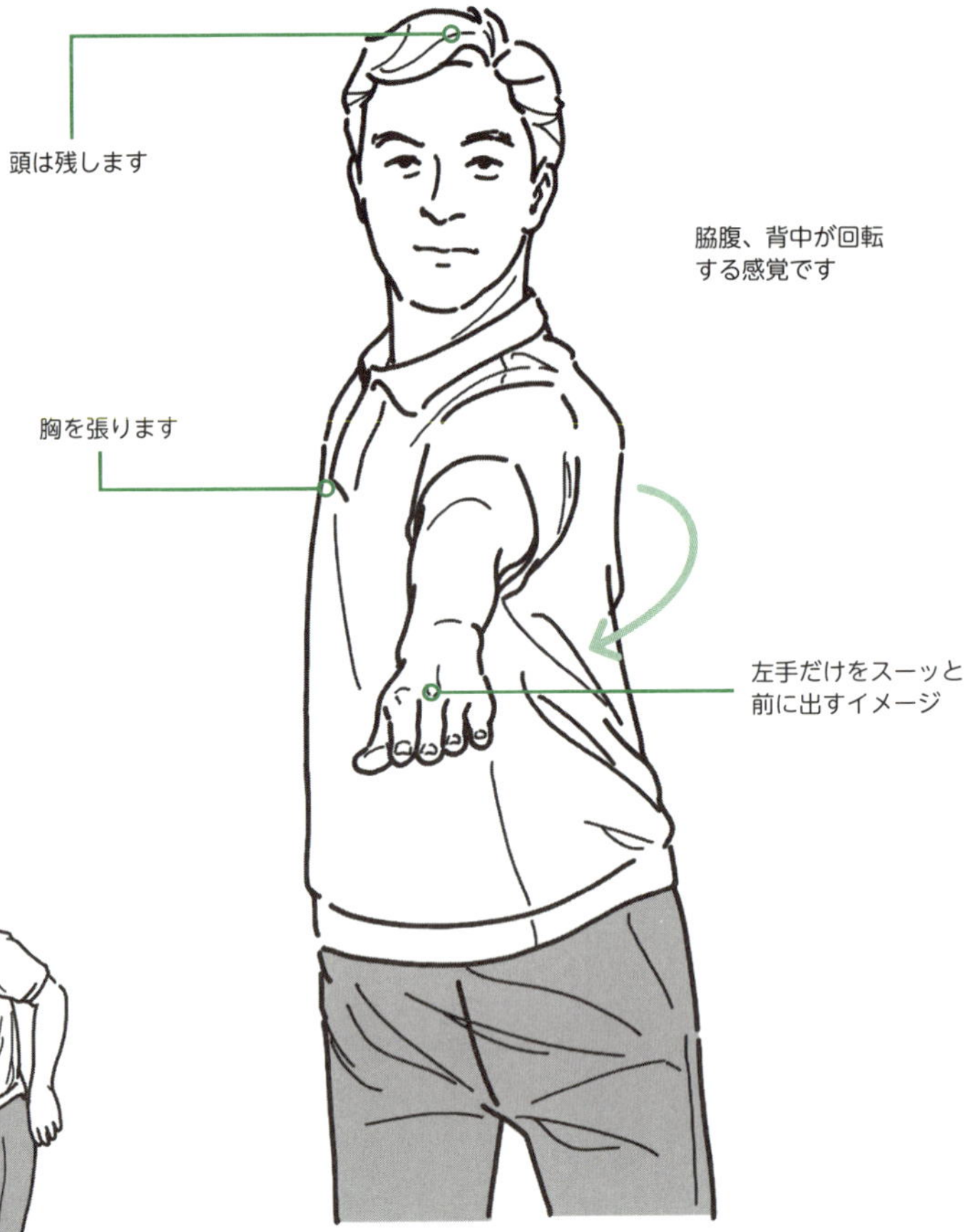
頭は残します
脇腹、背中が回転する感覚です
胸を張ります
左手だけをスーッと前に出すイメージ

NG
猫背になっていると手はまっすぐ前に出ません

スイングの際、体を回転しなさいというと、**多くのプレーヤーは上体すべてが横を向いてしまいがち**です。

まっすぐ前を向いたまま、足を肩幅に開いて立ち、胸を張ってみましょう。胸を張った状態を保ったまま、左手を前に突き出します。

この感覚が、まさに**胸を張ったまま体を回転してスイングした時の感覚**です。

この時、体が突っ込みがちになりますが、ぐっとこらえて左手だけ出しましょう。左手だけを出すと、自然と右の背筋が伸びる感覚も体感できます。これが、回転です。これくらいの負荷をかけないと、正しい回転にはなりません。

ウエストから下は正面を向いたまま、上体が回転することでねじりのパワーが出ます。

◎テイクバック時の感覚◎

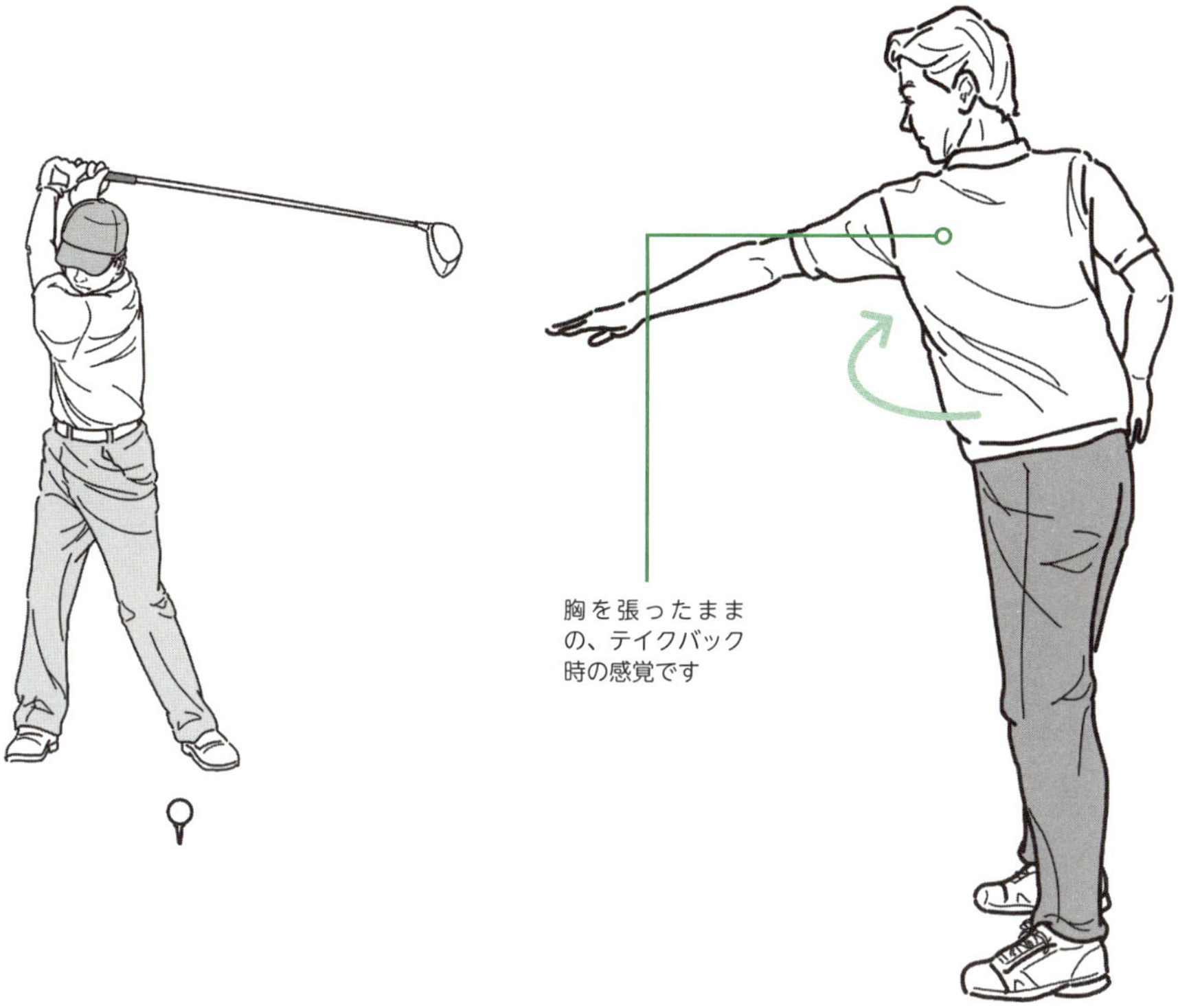
胸を張ったまま
の、テイクバック
時の感覚です

◎フォロースルー時の感覚◎

右手を前に突き出せ
ば、フォロースルー
時の感覚です

7 右胸・右上半身の動きを体感

スイング時に胸と腹の筋肉がバラバラに動いて力を生む

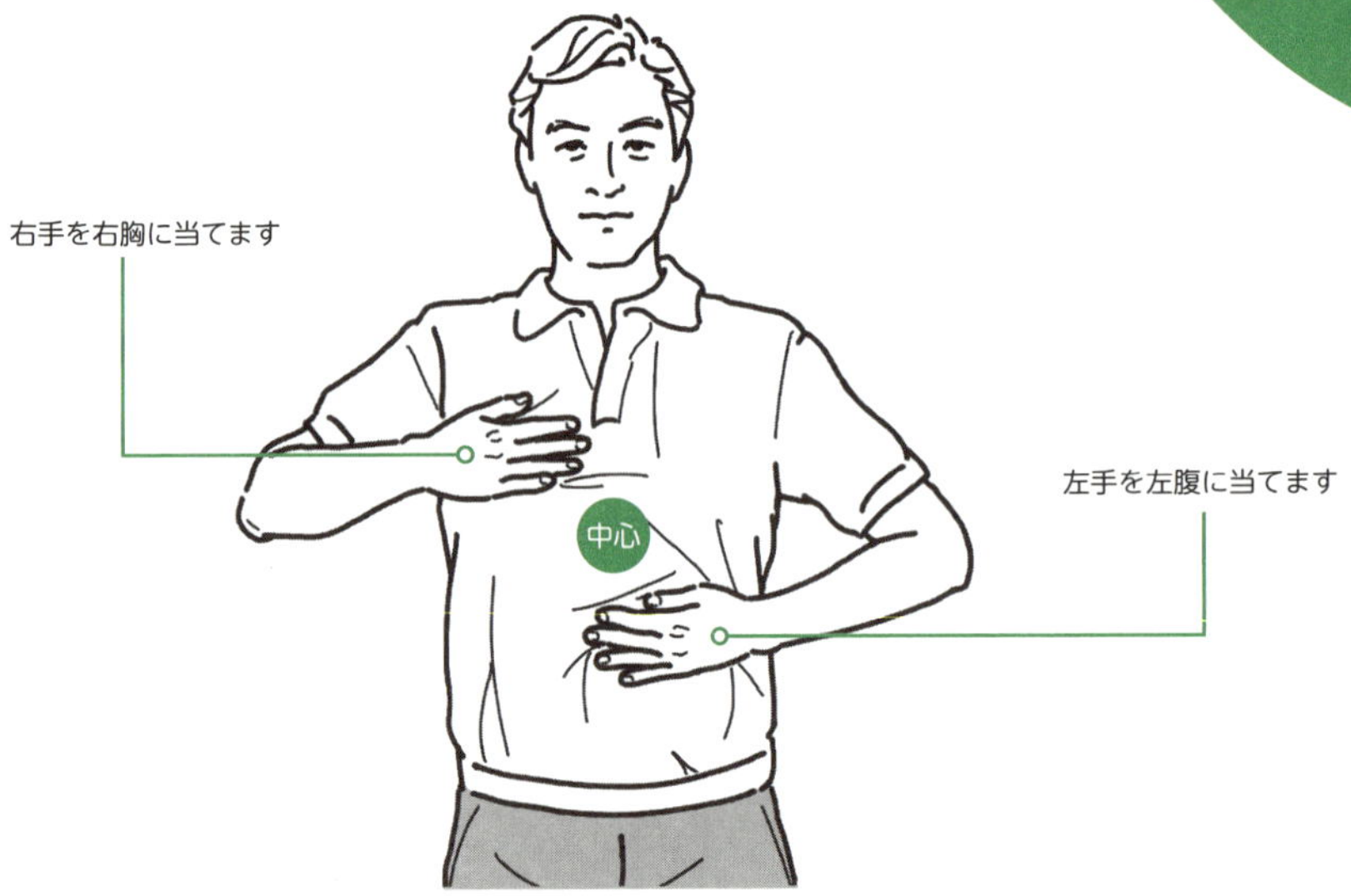
右手を右胸に当てます
中心
左手を左腹に当てます

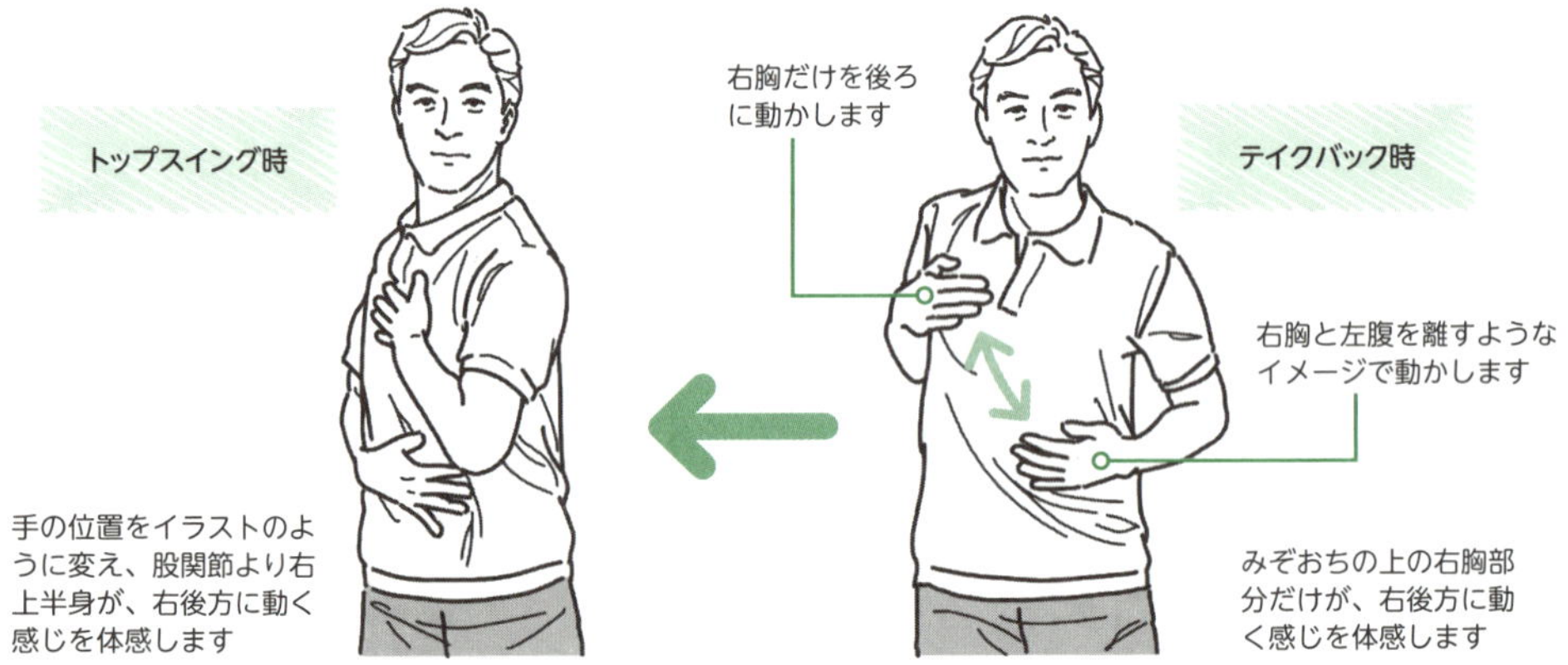
トップスイング時
右胸だけを後ろに動かします
テイクバック時
右胸と左腹を離すようなイメージで動かします
手の位置をイラストのように変え、股関節より右上半身が、右後方に動く感じを体感します
みぞおちの上の右胸部分だけが、右後方に動く感じを体感します

体の筋肉がバラバラに動くということが、どうしても実感できない方は、手で押してみると分かります。

胸と腹の筋肉を意識しながら、まず、右手を右胸に、左手を左腹に当て、右手で右胸を押して体をひねります。

この時、左手は腹をしっかり押さえています。これが**テイクバック時で、右胸と左腹の筋肉がバラバラに動いている**のが分かります。

さらに、左手を右胸に、右手を左腹に置き換えて、左手で胸を押します。

すると、より体が回り、しっかりひねられているのを感じるはずです。これが**トップスイング時の胸と腹の動き**です。

筋肉がバラバラに動いているのが、お分かりいただけたでしょうか。

8 手首から肩までの動きを体感

フォロースルーの手首の返しは、肩の柔軟性が大事

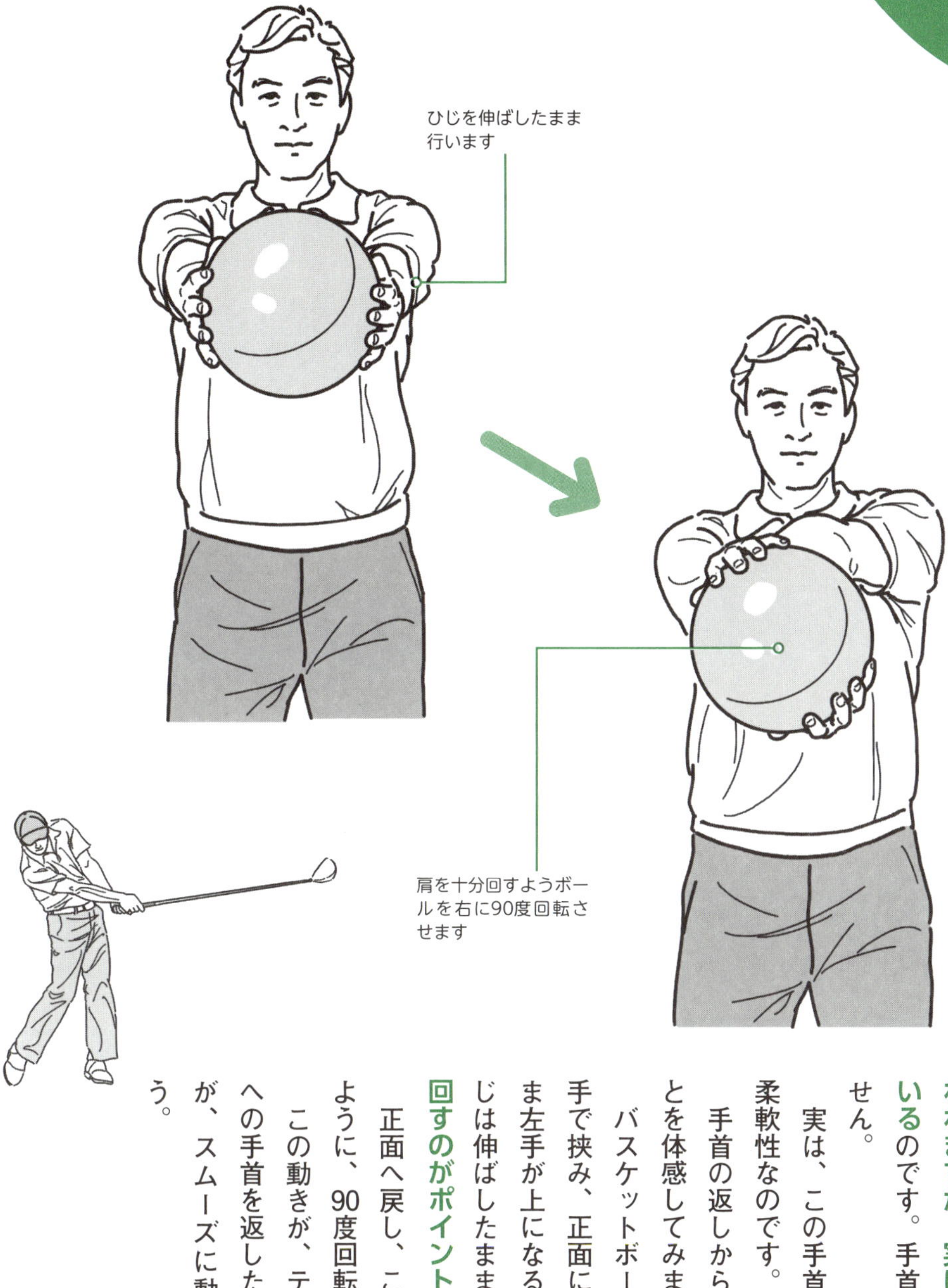
ひじを伸ばしたまま行います
肩を十分回すようボールを右に90度回転させます

ボールを遠くに飛ばすために、**手首を返せといわれますが、実は手首から肩までが回転運動している**のです。手首だけをひねろうとしてはいけません。

実は、この手首を返すために大切なのは、肩の柔軟性なのです。

手首の返しから肩の動きまでが連動していることを体感してみましょう。

バスケットボールくらいの大きめのボールを両手で挟み、正面にまっすぐ持ち上げます。そのまま左手が上になるように、90度回転させます。ひじは伸ばしたままで、**ボールの中心を動かさずに回すのがポイント**です。

正面へ戻し、この動きを今度は右手が上になるように、90度回転させます。

この動きが、テイクバックからフォロースルーへの手首を返した動きなのです。手首から肩までが、スムーズに動いていることを体感しましょう。

9 ヘッドスピードが出る手の動きを体感

ヘッドスピードは、手が180度以上回転することで速くなる

下半身を残して肩と胴を回し、このまま手を180度以上回転させて、振り抜きます

脇を締めて緊張感を持って回転させます

NG

緊張感がないと、手は180度以上の回転をしません

テイクバックのトップからフォロースルーまで、**クラブを握った手は180度以上動き、それがヘッドスピードを生む**のです。

ところが、軌道が曲がるのを怖がって振ると、手は100度程度しか動いていません。

このスイング時の正しいクラブの動きを、大きめのボールを使って体感してみましょう。

ボールはグリップよりも大きく丸いので、手がテイクバックからフォロースルーまでの間に、180度以上動くということがよく体感できます。

ボールを両手で挟んで、正面に持ちます。腕をねじりながらテイクバックのように回していきます。この時、常にボールは体の正面にあります。

このままボールを持って、意識して手を180度以上回転させながら（ボールが半回転以上するイメージ）スイングをします。これを行うことで、正しい手の動きが体感できます。

しかも、これは**脇の締まった正しいスイング**になります。

10 スイング時の腕の筋力を体感

高速スイングはクラブ1本で腕の筋肉を鍛えることから始める

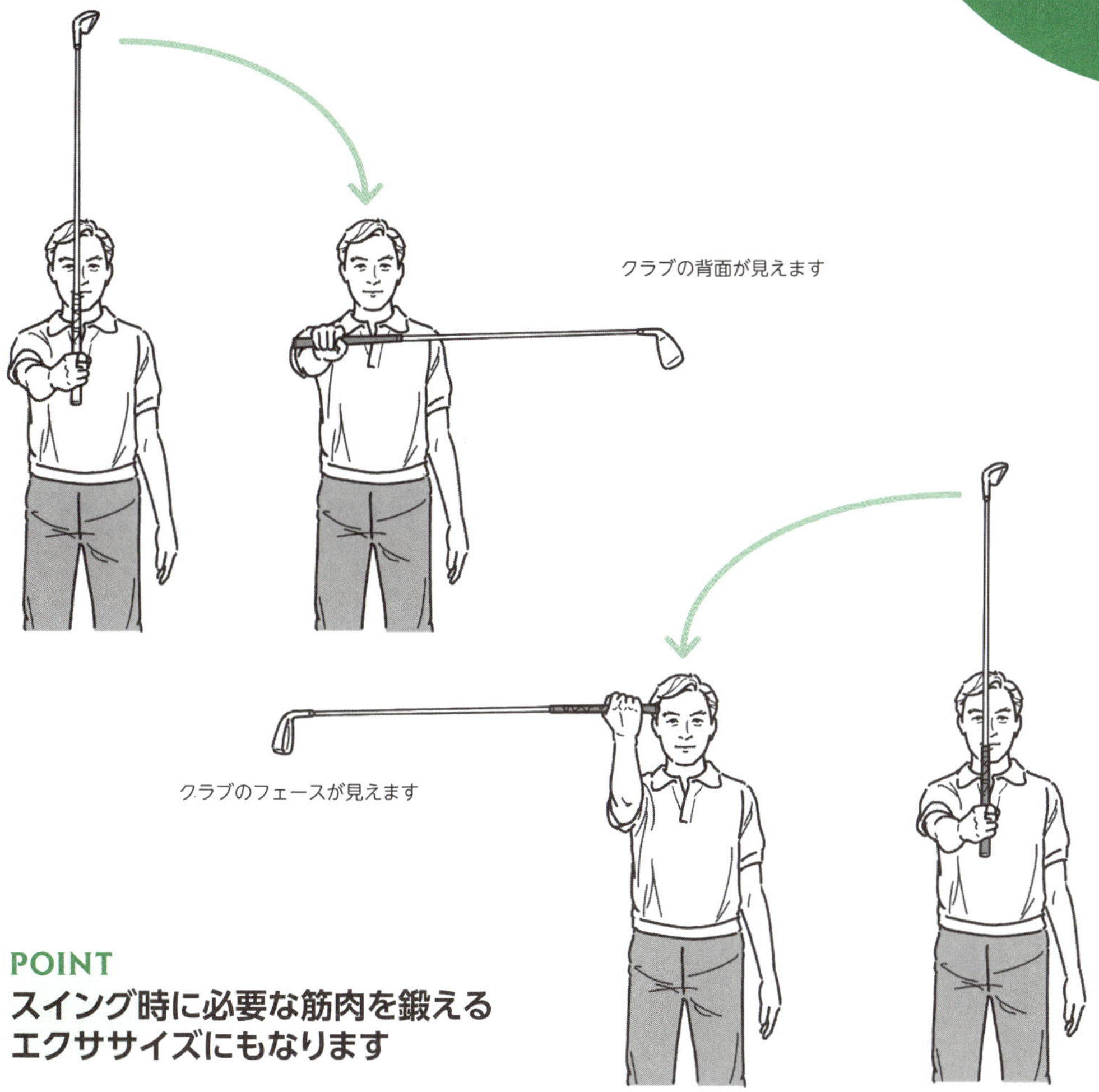

クラブの背面が見えます
クラブのフェースが見えます

POINT
スイング時に必要な筋肉を鍛えるエクササイズにもなります

効率的なスイングでは、左右の回転運動とともに、上腕のねじりが入ります。

この**回転とねじりが、インパクトの瞬間の高速スイングの原動力**です。このためには、腕の筋力が必要です。

この時、必要な腕の筋肉を体感するとともに、筋力を強化するエクササイズにもなる方法をご紹介します。

まず、クラブを片手で握ります。そのまま目の前にまっすぐに立てましょう。肩を回して、クラブをゆっくりと左に倒します。

次に元に戻し、同じく肩を回してクラブをゆっくり右に倒します。これを左右両方行います。この時に力の入る筋肉が、ゴルフで必要な腕の筋肉です。

この体感方法を、できるだけゆっくり行うことで、筋力もつきます。

意外にきついと思われるでしょうが、**クラブさえあればどこでもできるエクササイズ**です。

このエクササイズを続けて、スイング時にぶれないための筋力をつけましょう。

ヘッドスピードアップには
「ひじのたたみ」が大切

11 上腕の回転と脇の締まりを体感

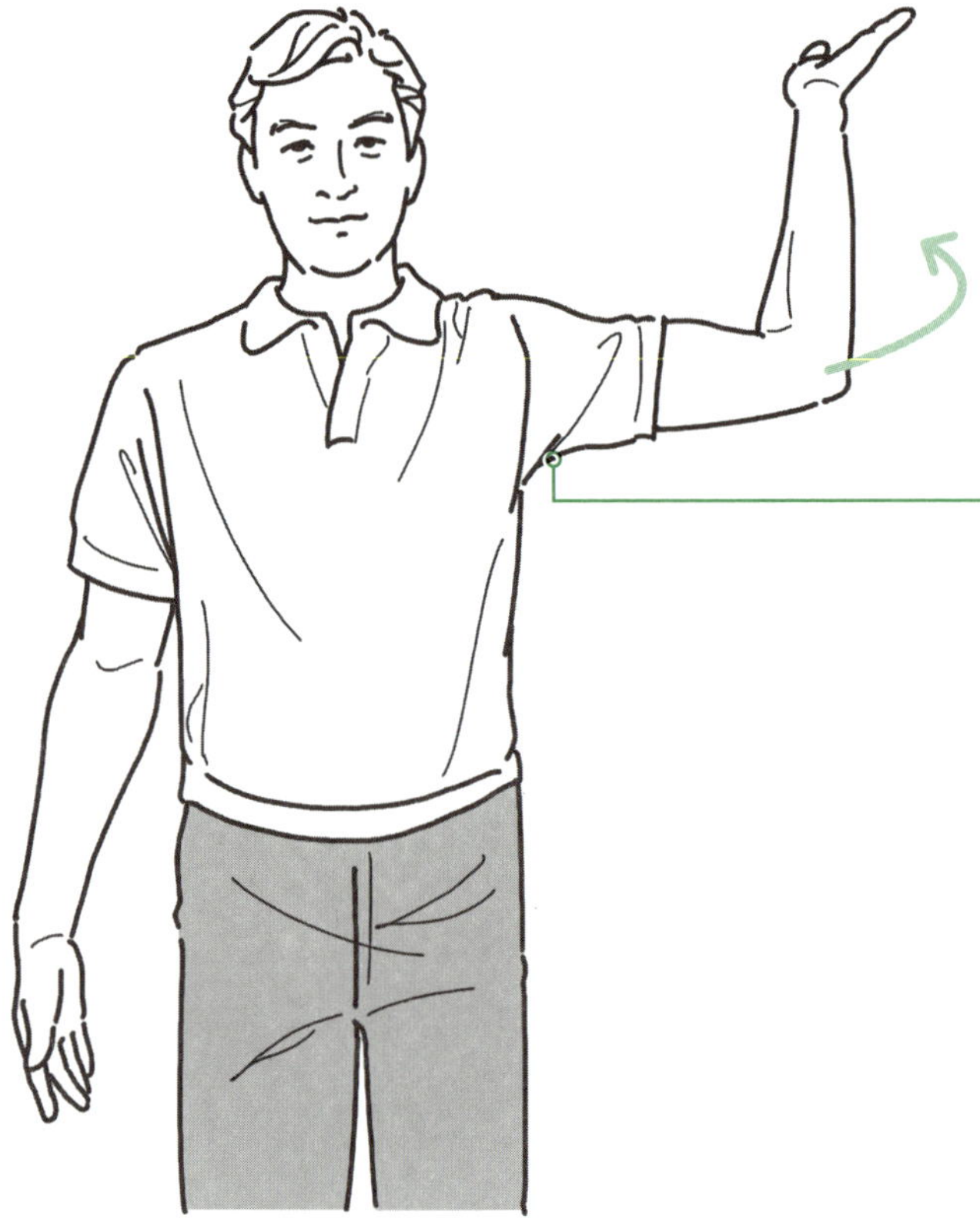

「雨かな？」または
「そば屋の出前持ち」
の形をとってから、
上腕を後ろに回すと
脇が締まります

ひじの正しい使い方の体感です。

まず「ペンギンのポーズ」で立ってから、左ひじの場合、左腕を左上後方に回転させながら、手のひらを上に向けます。ちょうど「雨かな？」と手のひらを差し出すような感じです。

そのまま足のつけ根から体を折り、前傾姿勢をとってみてください。

それが、**あなたの正しいフィニッシュの姿勢**です。同じようにこれを右腕で行うと、テイクバックの姿勢になります。

無理に**体にくっつけようとしなくても、自然と脇が締まっている**はずです。

さらに、腕を回転させると体に近いところでクラブは振られ、上腕はスムーズにねじられています。

このねじりの動きが、クラブを高速に回転させるのです。「ひじのたたみが大切」という言葉は、この動きを指しているのです。

左右のひじの動きがスムーズになれば、ヘッドスピードも増します。

ぜひ、体感してみてください。

12 脇の締まりとひじの柔軟性を体感

上級者はスイングで脇が締まっている

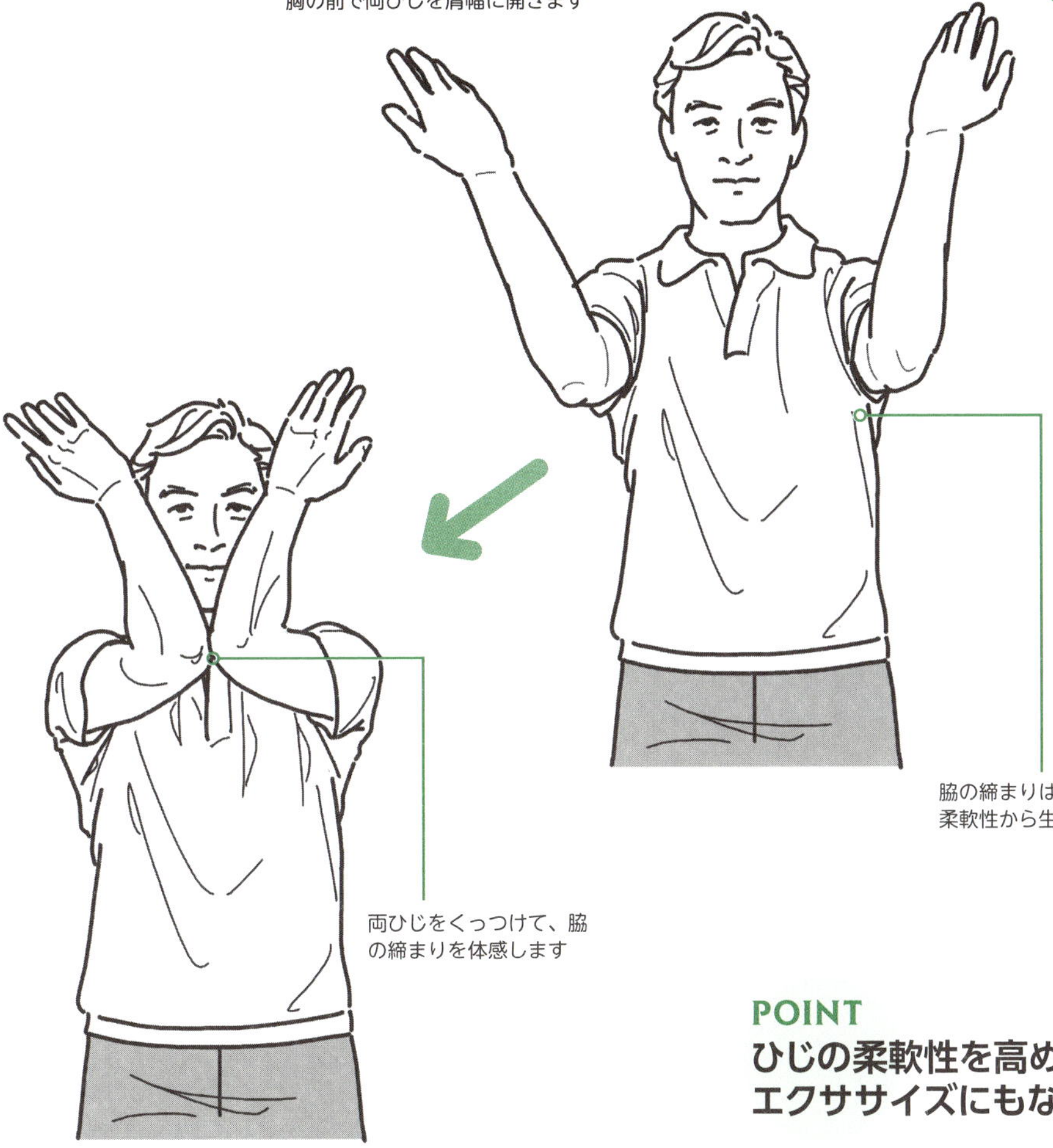
胸の前で両ひじを肩幅に開きます
脇の締まりは、ひじの柔軟性から生まれます
両ひじをくっつけて、脇の締まりを体感します

POINT
ひじの柔軟性を高めるエクササイズにもなります

プロゴルファーやローハンディキャップのアマチュアゴルファーなど、**ゴルフ上級者に共通して見られる特徴の一つは、スイングで脇が締まっていること**です。

脇が体にくっついているのでスイングの再現性が高く、安定感も生まれるのです。

実はこの脇の締まりは、力強く脇を締めるのではなく、ひじの柔軟性から生まれるのです。

胸の前で、両ひじを肩幅に開きます。その状態から、両方のひじをくっつけてみてください。つけることができない人は、できるところまででけっこうです。

スイングにおける左右の脇の締まりを体感できるとともに、ひじの柔軟性が分かります。ゴルフ仲間と試してみると、意外に個人差が大きいので驚かれると思います。

これは、左右の脇とひじの動きを柔軟にするエクササイズにもなりますので、いまは硬くてできない人でも、**毎日このエクササイズを続けていると、ほとんどの人がくっつく**ようになります。入浴中などに、毎日少しずつ続けてみてください。

13 テイクバック時でも「三角形」を維持する筋肉を体感

ダウンスイングで感じる右上腕と手首付近の筋肉を鍛える

右ひじを体に沿わせながらクラブをゆっくり振りおろしてみましょう。この時感じる筋肉がいわゆる「三角形」を維持するのに大切な筋肉です
左ひじは右腕につられて、自然に伸びます

ゴルフのスイング中、「両腕でできる三角形を維持する」とよくいわれます。この意味は、**胸を底辺としグリップした手を頂点とした三角形を、できるだけ維持する**ということです。

この三角形を保ちながら、スムーズなスイングをするためには「腕のたたみ」、つまり上手なひじの使い方が必要です。

右腕で説明しましょう。アドレスでひじは地面を指しています。テイクバックでは右上後方に腕がねじられますが、右ひじは地面を向いたままです。

この動きは、正しい回転軸に沿って体を回し腕を振れば自然に起こります。左ひじは、右腕につられて、自然に伸びます。

正しい右ひじの使い方をすれば、ダウンスイングではガッツポーズをするように右ひじが体のそばにおりてくるはずです。この時、いわゆる**上腕と手首付近に大きな張りを感じる**でしょう。

クラブを振って、その感覚を体感してください。この部分が力を入れてもいい筋肉なのです。ここで感じた筋肉を、積極的に鍛えましょう。

◎ダウンスイングからインパクトにかけて使う筋肉の体感◎

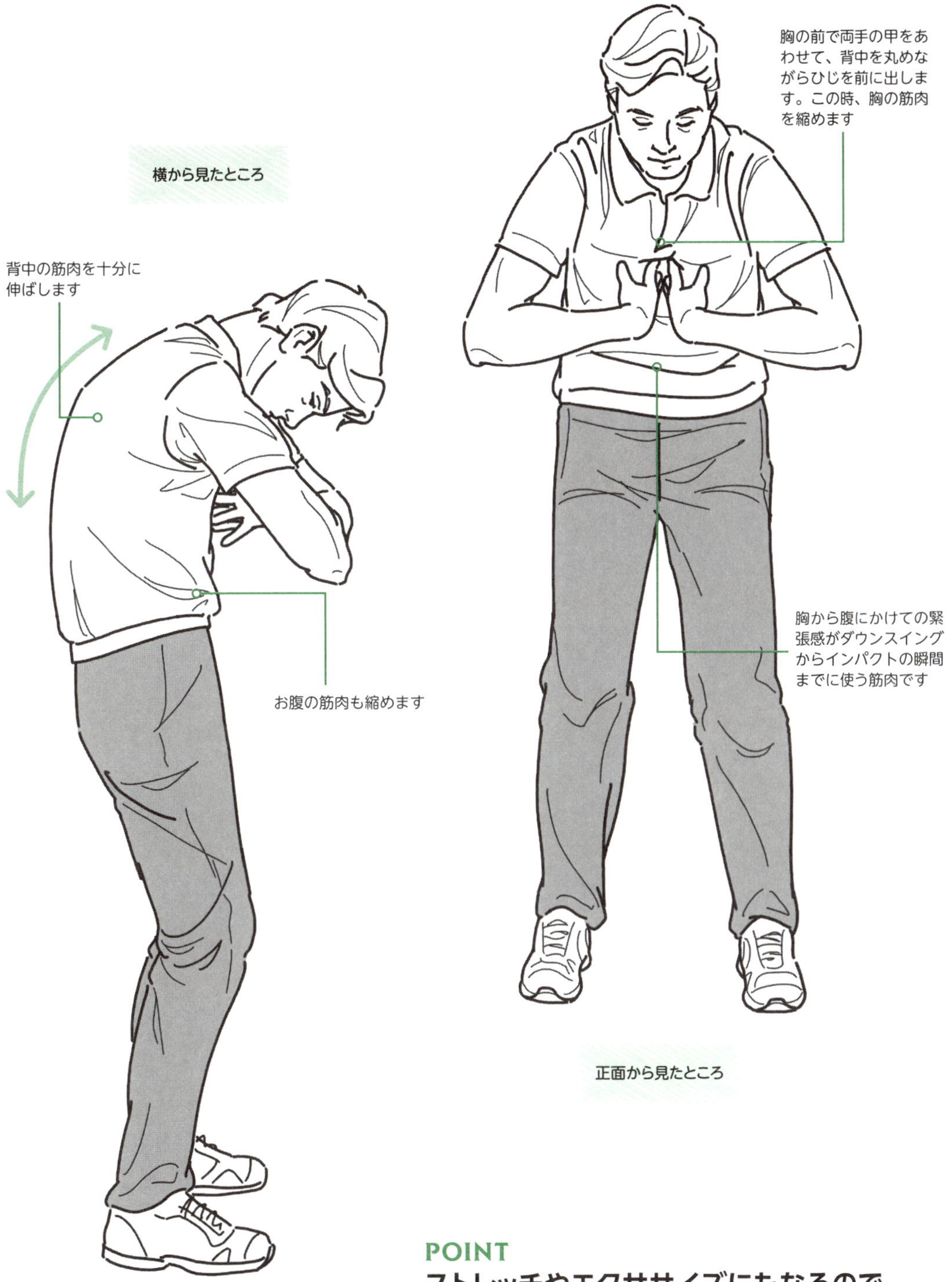
胸の前で両手の甲をあわせて、背中を丸めながらひじを前に出します。この時、胸の筋肉を縮めます
横から見たところ
背中の筋肉を十分に伸ばします
胸から腹にかけての緊張感がダウンスイングからインパクトの瞬間までに使う筋肉です
お腹の筋肉も縮めます
正面から見たところ

POINT
ストレッチやエクササイズにもなるので、練習やプレー前に行いましょう

14 体の軸回転と肩の入れ具合を体感

左方向の回転がスムーズになると ヘッドスピードがアップする

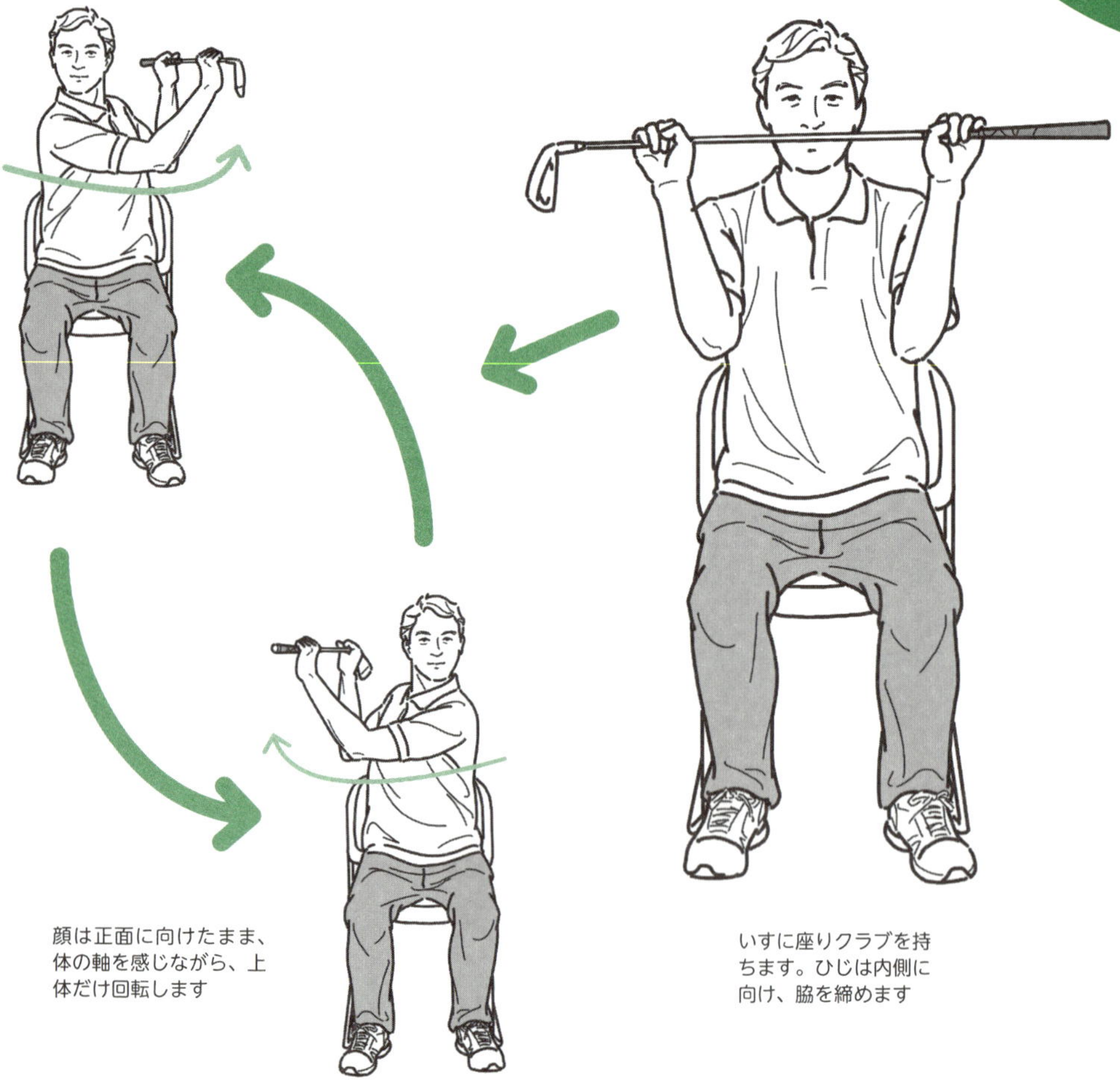

顔は正面に向けたまま、体の軸を感じながら、上体だけ回転します

いすに座りクラブを持ちます。ひじは内側に向け、脇を締めます

「ゴルフは軸回転」「軸を意識したスイングを」などといわれたことがある方も多いでしょう。

理想的なアドレスができていないゴルファーが多いのと同様に、軸回転ができていないゴルファーが少なくないのは、日常生活で体を軸に沿って回転させるという動きをすることが少ないからです。

ここでは「軸回転」を簡単に体感できる方法を、一つ紹介しましょう。いすに座りクラブを握って、体の周りで回転させます。意外にきついかもしれないですね。

そうなのです。これまで、体を回しているつもりだったかもしれませんが、実は**多くのゴルファーは腕を引き上げているだけで、体が回転していないケースがほとんど**なのです。

このポーズで、体幹や「軸回転」だけでなく、肩の入れ具合や「体をどこから動かし、どこから戻すのか」も体感できます。

また、ストレッチ運動として続けると、楽に回転することができるようになります。特に**左方向の回転がスムーズになると、ヘッドスピードはすぐにアップ**しますよ。

15 フォロースルー時の左腕の「ねじられ感」を体感

左腕のねじられ感と左胸の張り、背中の縮み感があれば正しいフィニッシュ

クラブを振って、フィニッシュで止めます。その瞬間の筋肉を感じます

POINT

フィニッシュで、左腕のねじられ感と左胸の張り、背中の縮みを感じます

フォロースルーは、テイクバックの逆です。

加速したクラブヘッドをフィニッシュまで一気に回転させるのが、「左ひじのたたみ」です。テイクバックにしたがい、左腕は右上後方にねじられ、**トップでは、正面から見ると右ひじと左ひじは、ほぼ重なる位置**になります。

そして、正しい回転軸に沿って体を回し、腕を振れば、インパクトでは左ひじは自然に伸びます。

インパクト後は、さらに左上腕を左上後方にねじり続けます。左ひじは体のそばで折りたたまれます。

ここで感じていただきたいのは、左腕の筋肉のねじりです。右腕同様に、**上腕の大きな「ねじられ感」**を感じてください。

フィニッシュでは、左胸を張ります。すると、背中に縮みを感じます。

この感覚をしっかり覚えると、フィニッシュまでのフォームがきれいになり、安定したスイングとなります。

16 「股関節で回転する」ということを体感

ダフリやトップをなくすには股関節で回転する

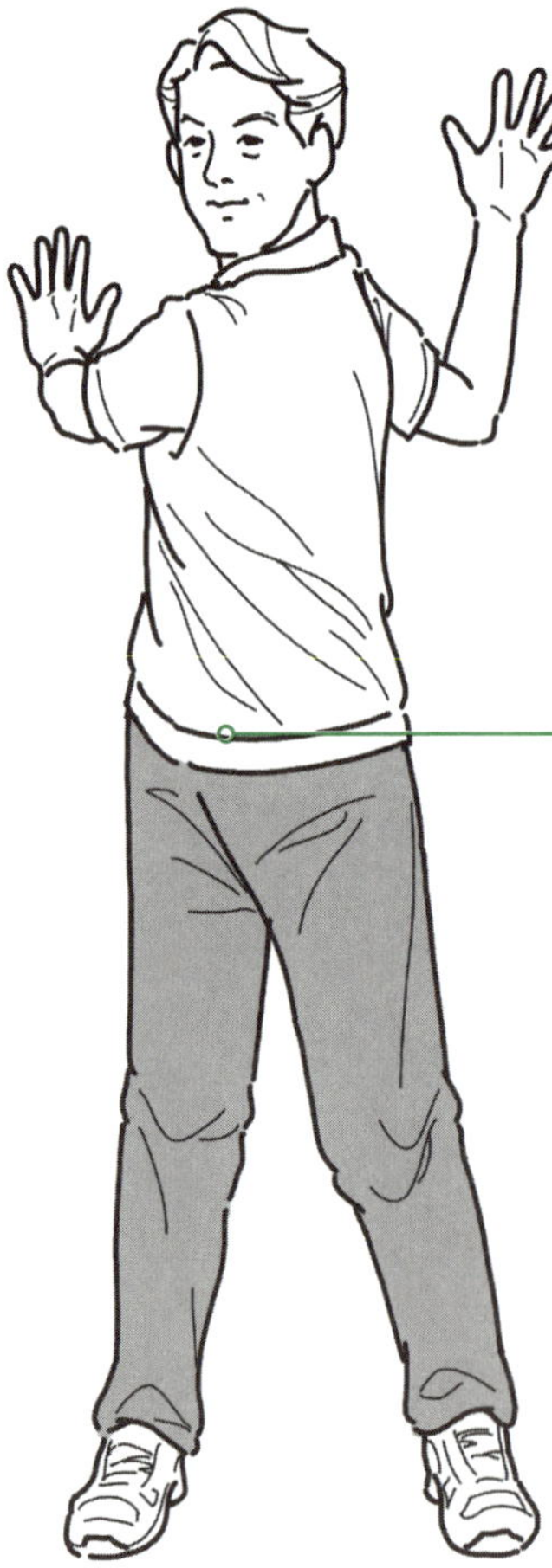
正面を向いて、両手のひらを後ろの壁につけます
股関節から上を回転させます

POINT
股関節で回転するという意味を体感しましょう

ショットの精度を上げるためには、**スイング中に回転軸がぶれないほうがいい**というのは容易に理解できると思います。

ところが、アマチュアゴルファーで回転軸がしっかりしている人は、一部の上級者に限られます。

スイングを背中のほうから見ていると、背骨を中心とする回転軸が、左右にぎったんばっこんと動く人が少なくないのです。

その最大の要因は、股関節の動きができていないためです。

人間の体の構造では、股関節を固定したまま回転させるのは容易ではありません。

アマチュアゴルファーの多くが、背中のほうから見ると振り子を左右に振るように回転軸を倒してしまう理由はここにあります。ひざから上が、一緒に回転してしまっているのです。

股関節で回転させることにより、**回転軸が左右に倒れることがなくなり、軸が安定**します。すなわち体幹がしっかりするのです。

回転軸が安定すると、ダフリやトップも大幅に少なくなります。

17 ゴルフに不可欠な股関節の動きを体感

股関節の柔軟性が下半身の安定したスイングに

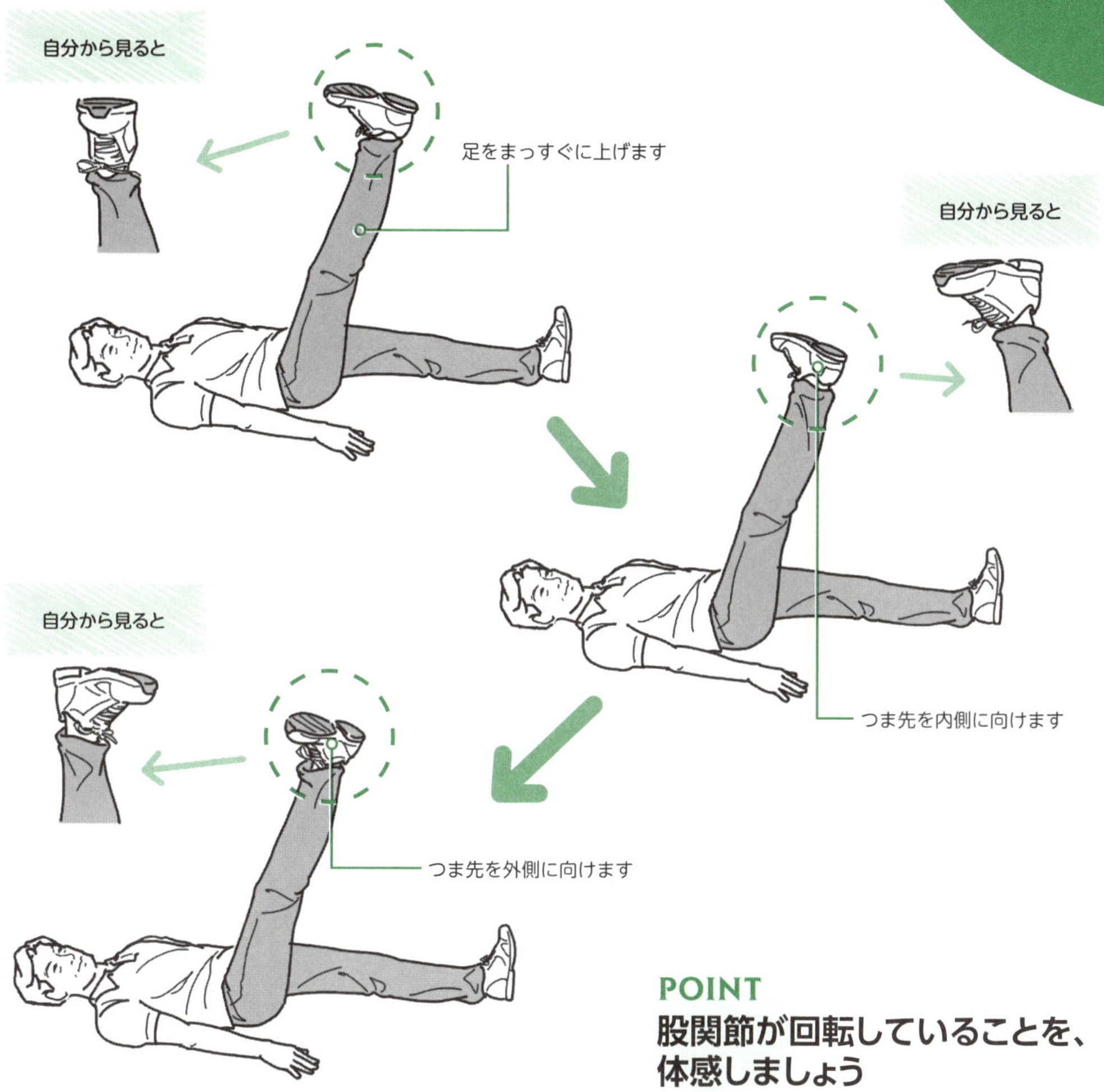

自分から見ると
足をまっすぐに上げます
自分から見ると
つま先を内側に向けます
自分から見ると
つま先を外側に向けます

POINT
股関節が回転していることを、体感しましょう

下半身を安定させたまま、上半身を回転させるには、軟らかい下半身が必要です。では、軟らかい下半身とは何でしょう。

それは、左右の足のつけ根を、スムーズに動かすことができるということです。つまり、**股関節が柔軟に動くことが、大変重要**なのです。

ゴルフの難しいところは、左右の腕や足は、決して同じ動きをしているわけではなく、それぞれバラバラに動いているということです。

バラバラだけれども、**回転軸を中心に各パーツがスムーズに連携して動くためには、左右の股関節の柔軟性が必要**なのです。

この動きができない人が多くいると思います。そこで、股関節の動きを体感できる方法をご紹介しましょう。

仰向けに寝て片足を上げ、股関節から下を左右に動かします。これで股関節の柔軟性が分かります。

この動きはエクササイズにもなり、股関節が軟らかくなりますので、寝る前などに無理のない範囲で毎日続けてみてください。柔軟で、なめらかなスイングができるようになります。

18 上・下半身の動きとスイングの関係を体感

正しいスイングは股関節で回転する

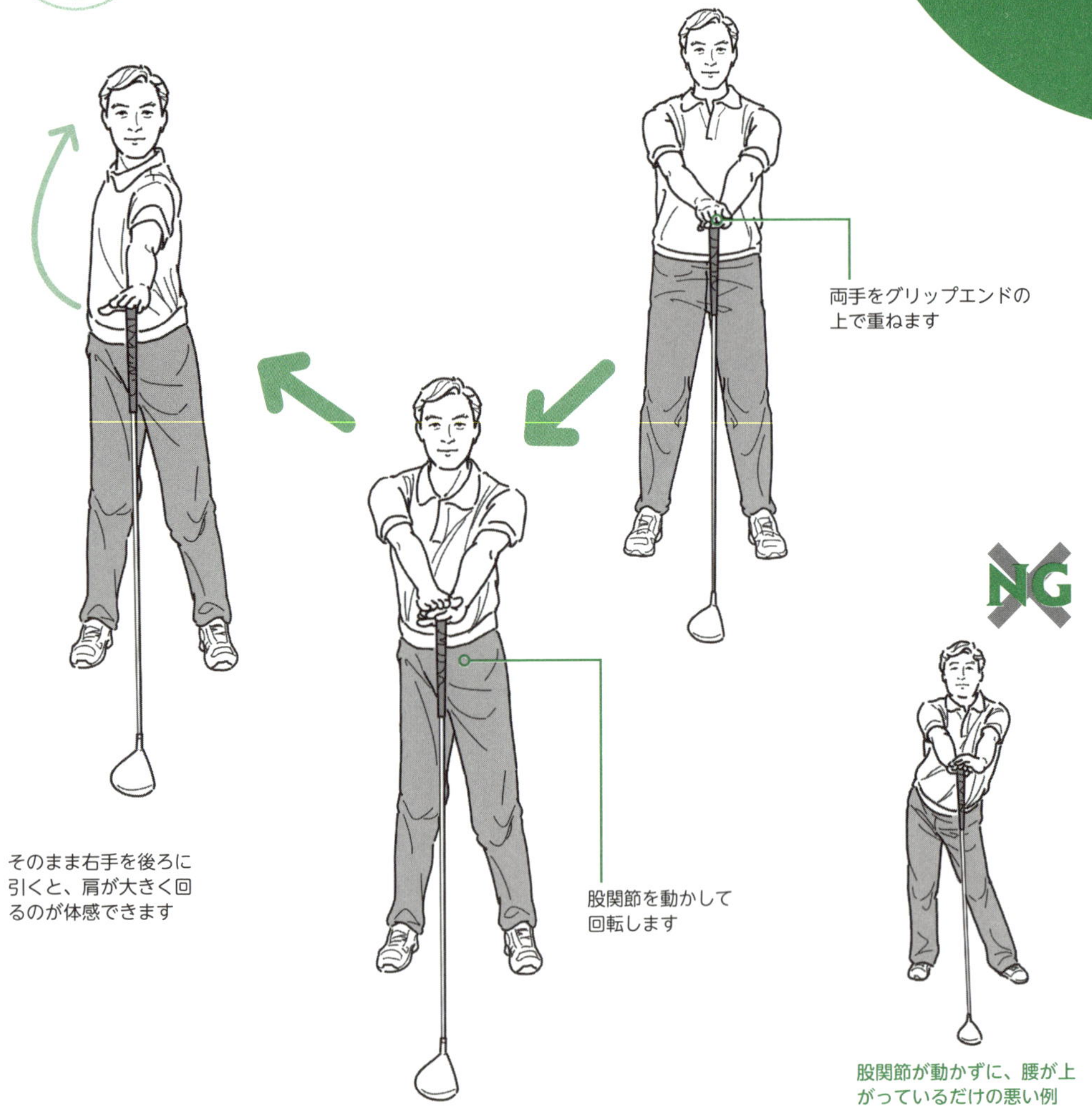

両手をグリップエンドの上で重ねます
股関節を動かして回転します
そのまま右手を後ろに引くと、肩が大きく回るのが体感できます
NG
股関節が動かずに、腰が上がっているだけの悪い例

ここでは、スイングとはどのようなものなのか、体感してみましょう。

「そんなことは分かっているよ。腰で回転することだろう」という人もいるかもしれません。

結論からいえば、それは誤りです。ゴルフの**スイングは腰ではなく、股関節とお腹を動かすもの**だからです。

股関節を動かさないと、背骨を軸に大きな角度で体を回すことはできません。

テイクバックした時、下半身は右方向にはスライドしません。むしろ、いまにも左方向にスタートしようとする力強さを感じるはずです。

鏡で、腰を回転させたつもりで右にスライドした時と、股関節を動かした時の「肩」の状態を比較してみてください。股関節を動かした時のほうが、はるかに肩が回っているはずです。

ティーインググラウンドで待っている時などに、イラストのように、クラブに両手を添えて股関節を動かして、回転を体感するといいでしょう。

しかもこれは、**股関節を軟らかくするエクササイズ**にもなります。

◎テイクバック時の感覚◎

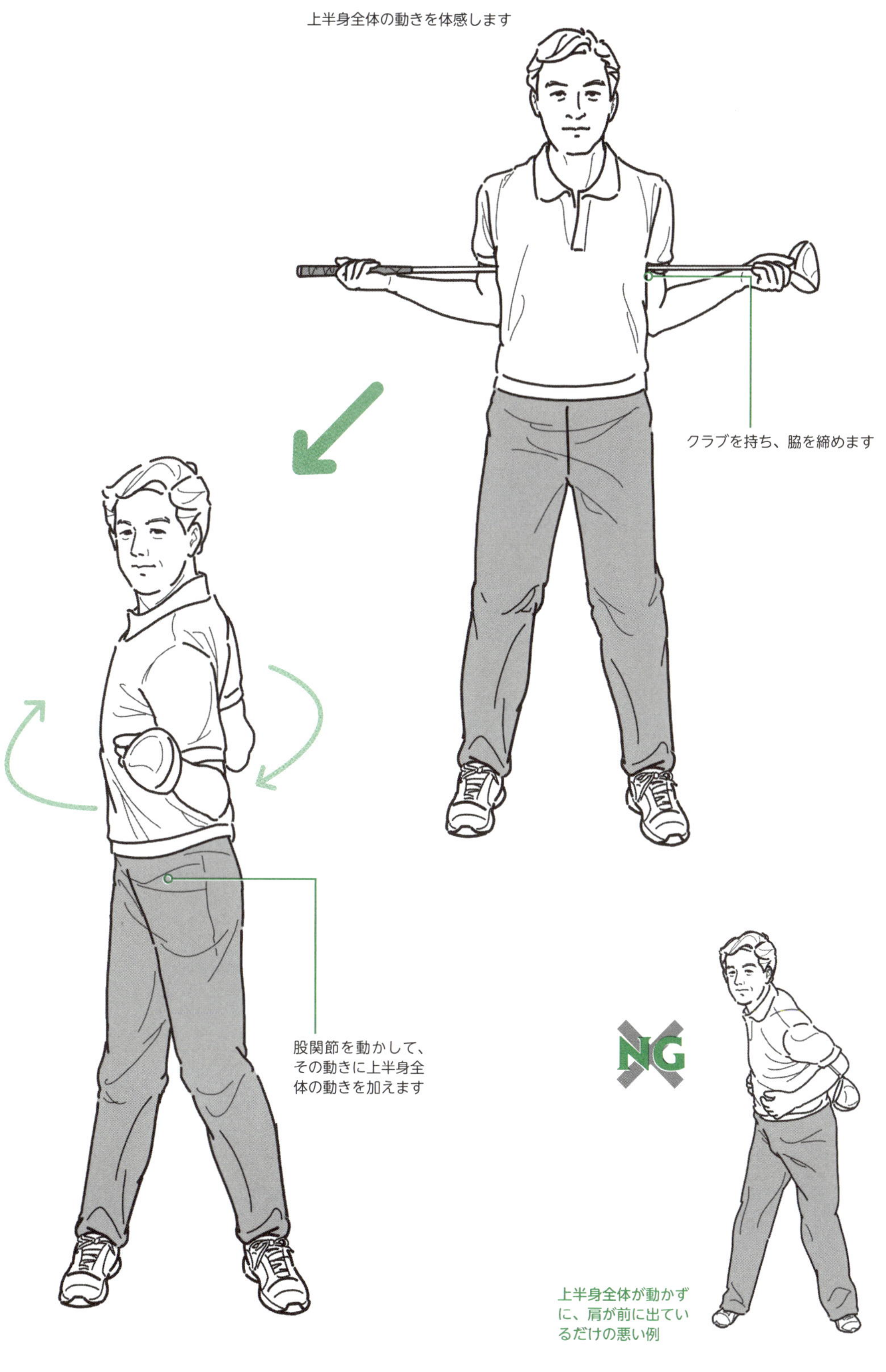
上半身全体の動きを体感します
クラブを持ち、脇を締めます
股関節を動かして、
その動きに上半身全
体の動きを加えます
NG
上半身全体が動かず
に、肩が前に出てい
るだけの悪い例

ナイスショットを打つには
内転筋を鍛える

19 ゴルフに必要な筋肉「内転筋」を体感

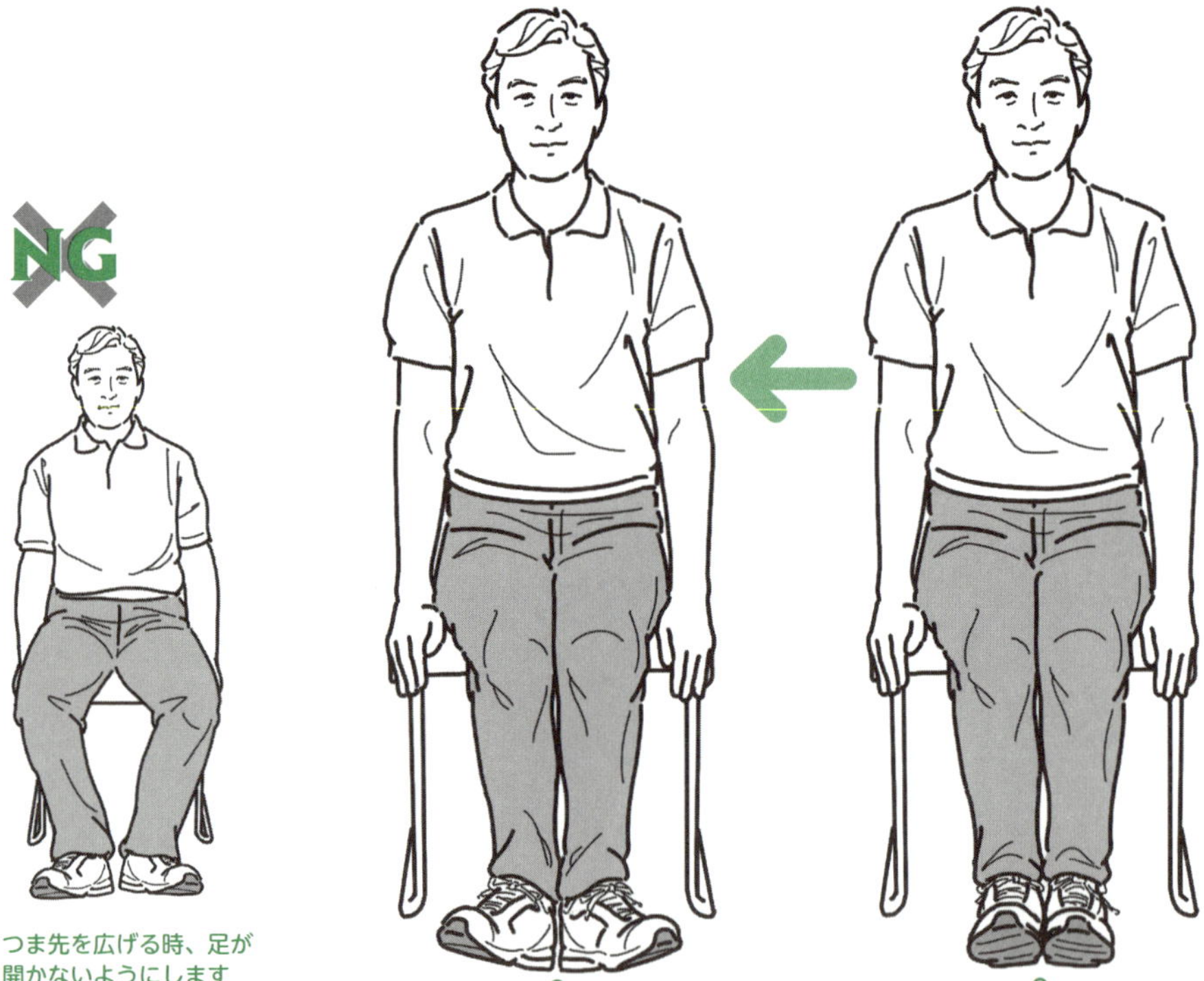

つま先を広げる時、足が開かないようにします

かかとをつけたまま、つま先を広げます

かかとをつけたまま、つま先だけを上げます

スイングの「土台」である下半身がグラグラしていては、精度の高いショットを打つことはできません。ナイスショットを打つためには、下半身の筋肉を鍛えることが必要です。

足には数多くの筋肉がありますが、**中でも大切なのが、太ももの内側にある「内転筋」と呼ばれる筋肉**です。

ここでは、内転筋を鍛えるエクササイズを通して、「内転筋」を体感します。このエクササイズをした時に力が入る部分が「内転筋」です。

いすに背筋を伸ばして座り、かかとをつけたまま、つま先を上げ広げます。これだけなのですが、意外にきつい運動です。

両ひざがつかないという人は無理をしないで、できるところまででけっこうです。ちなみに、内転筋を鍛えると、太ももについている余分な脂肪も落ちやすくなります。さらに**ヒップアップもできるなど、メリットはいっぱい**です。

このエクササイズは、デスクワーク時や、通勤電車で座れた時でもできます。ぜひ試してみてください。

下半身はしっかり
力を入れて踏ん張る

20 下半身の力の入れどころを体感

NG
前屈みになると体感できないので注意しましょう
胸を張ります
手をかかとにつけて、背中の縮みを感じるようにします
ひざは床につけないようにします

下半身を安定させるためには、**回転に負けないだけの踏ん張りが必要**です。

とかく「力を抜け」といわれるゴルフですが、下半身は力を入れてもいいのです。

では、どのように力を入れるべきでしょうか。それを体感できる方法を紹介しましょう。

両足を前後に大きく開き、前に出した足のひざを90度に折り曲げます。後ろの足はひざが床につかないようにし、手をかかとにつけます。

日ごろ運動不足気味な人は、この姿勢を維持するだけでもきついのではないでしょうか。太ももの内側やすねなどにも、かなりの張りを感じるかもしれません。

これがインパクト時の下半身のイメージです。左右の足を替えて行います。

実は**この姿勢をとる時に使う筋肉と、ゴルフで求められる下半身の筋肉は共通している**のです。

また、足の踏ん張り、特に足の親指の裏がしっかりと地面をつかんでいる点も、ゴルフの体重のかけ方と共通しています。

エクササイズにもなるので、時々この姿勢をとってみてください。

21 アドレスでの「前体重」を体感

アドレス時はやや前傾姿勢が安定した状態なので前体重になる

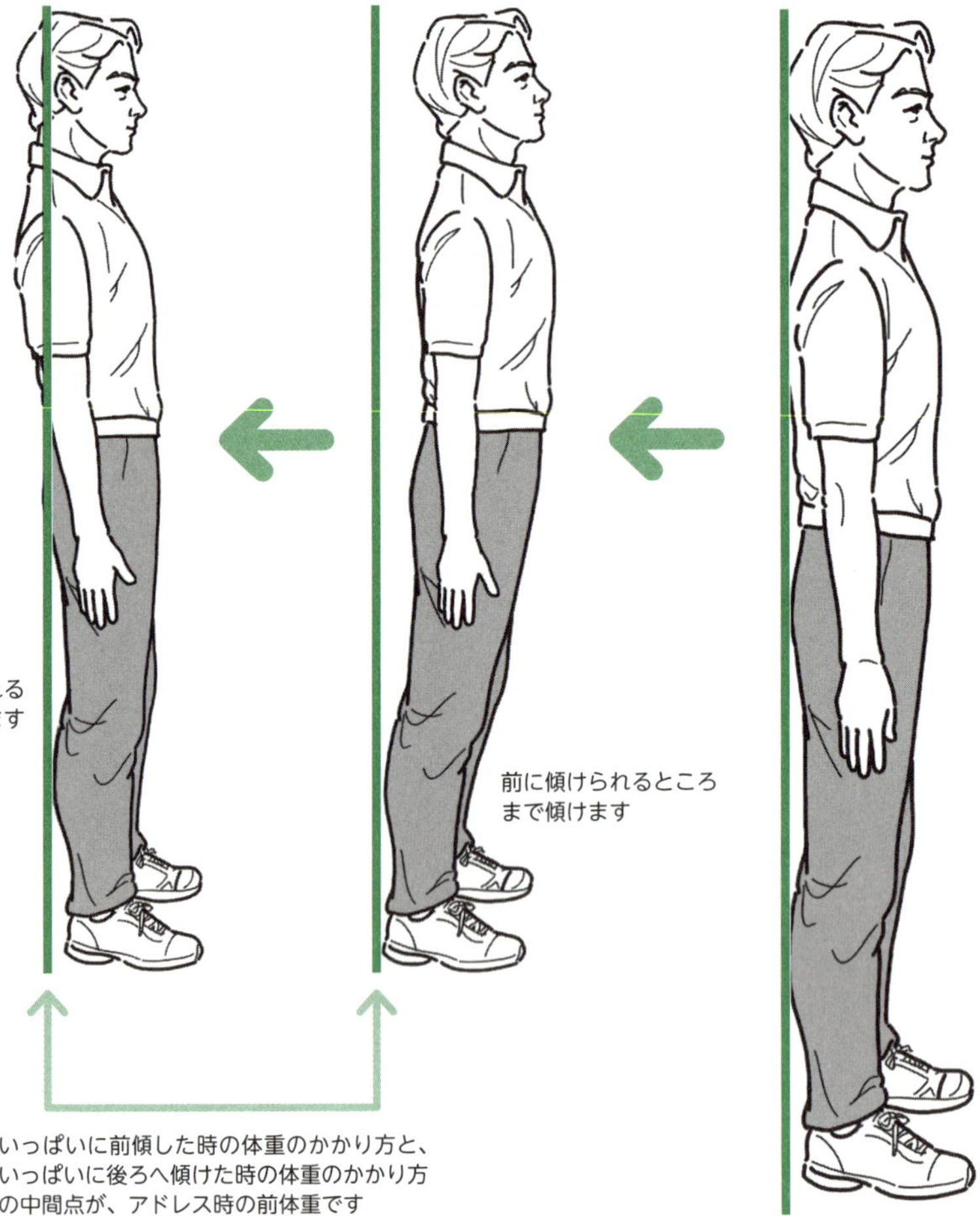

後ろにも傾けられるところまで傾けます

前に傾けられるところまで傾けます

いっぱいに前傾した時の体重のかかり方と、いっぱいに後ろへ傾けた時の体重のかかり方の中間点が、アドレス時の前体重です

アドレスの時は「前体重」といわれますが、どの程度前に体重をかけたらいいのか迷う時があります。

この、アドレスでの体重のかかり具合を探る方法があります。

まず、まっすぐに立ちます。そのまま、足を固定して前傾していきます。体勢が崩れる寸前まで前傾します。

次にそのまま戻り、後ろへ足もとから倒れる感じで体重をかけます。

この**後ろへの傾きと、前傾でできた傾きの中間がアドレス時の体重のかかり具合**です。この時、後ろには、ほとんど傾斜することができないでしょう。

人は前のほうには傾きやすいので、**自然と前体重ができる**のです。

体重のかけ方に迷った時には、ぜひ試してください。

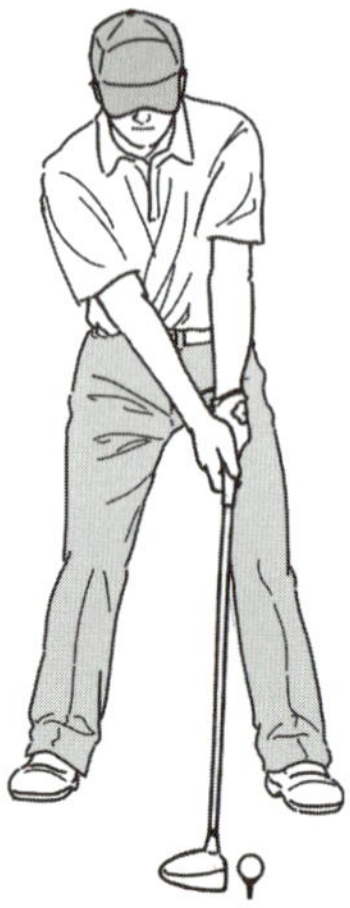

◎正しいアドレスを体感◎

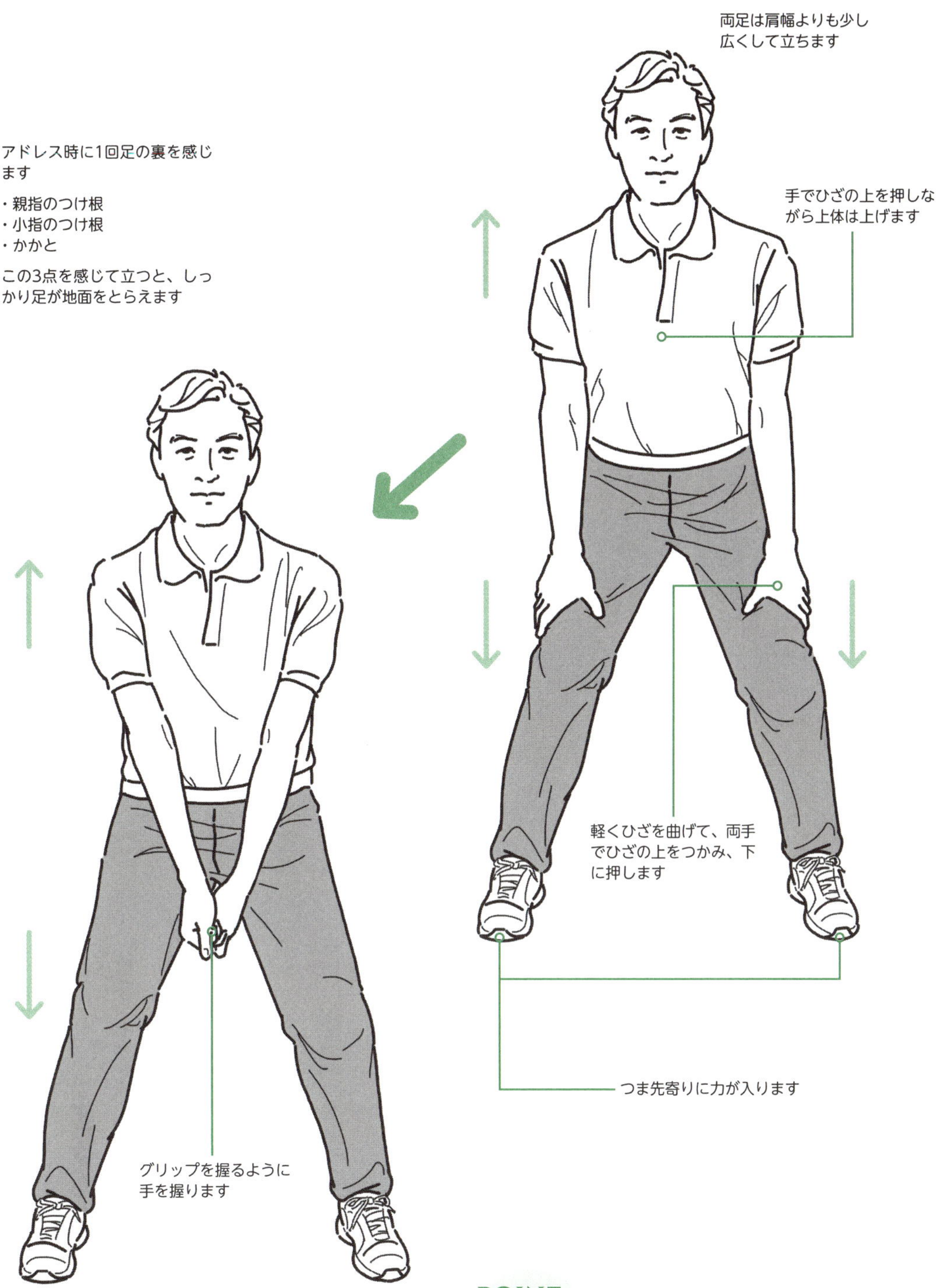

POINT
上半身は上に、下半身は下に
力が入ります

22 「左右の壁」や体重移動を体感

テイクバック時は「右の壁」をしっかり作る

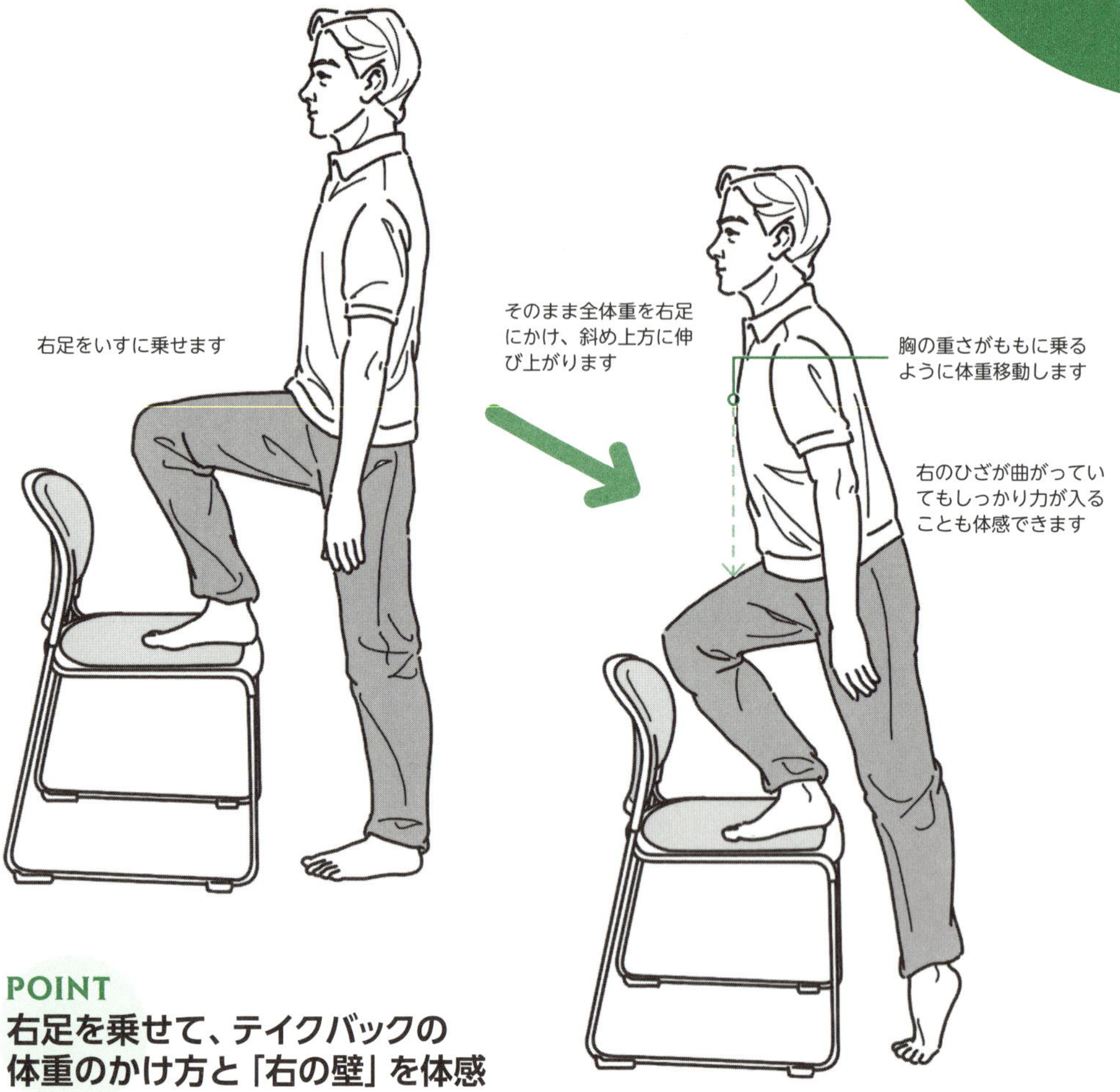

右足をいすに乗せます
そのまま全体重を右足にかけ、斜め上方に伸び上がります
胸の重さがももに乗るように体重移動します
右のひざが曲がっていてもしっかり力が入ることも体感できます

POINT
右足を乗せて、テイクバックの体重のかけ方と「右の壁」を体感

ゴルフでは**体重移動と「右の壁」「左の壁」を作ることが大切**です。この体重移動を左右の「足に乗る」というイメージですると、実際のスイングでは左右にスウェイしがちになります。また、「右の壁」「左の壁」も崩れてしまいます。

ここでは、体重移動はもちろんのこと、「右の壁」「左の壁」を自然に体感できる方法を紹介します。

片足をいすに乗せ、全体重をかけて斜め上方に伸び上がるだけです。この時のいすの上に乗せたほうの足の感覚を体感してください。

右足を上にした時はテイクバックでの体重のかけ方および「右の壁」を、左足を上にした時には、ダウンスイングでの体重のかけ方および「左の壁」を感じることができます。勢いをつけずに、ゆっくりとやってください。

ちなみに、**片足をいすの上に乗せた状態で停止することができず、ふらふらしてしまう人は、姿勢に問題がある**かもしれません。「ペンギンのポーズ」（12ページ参照）で再度チェックし、頭の位置や胸の張り方などを体感してみてください。

◎トップの時の体重移動◎

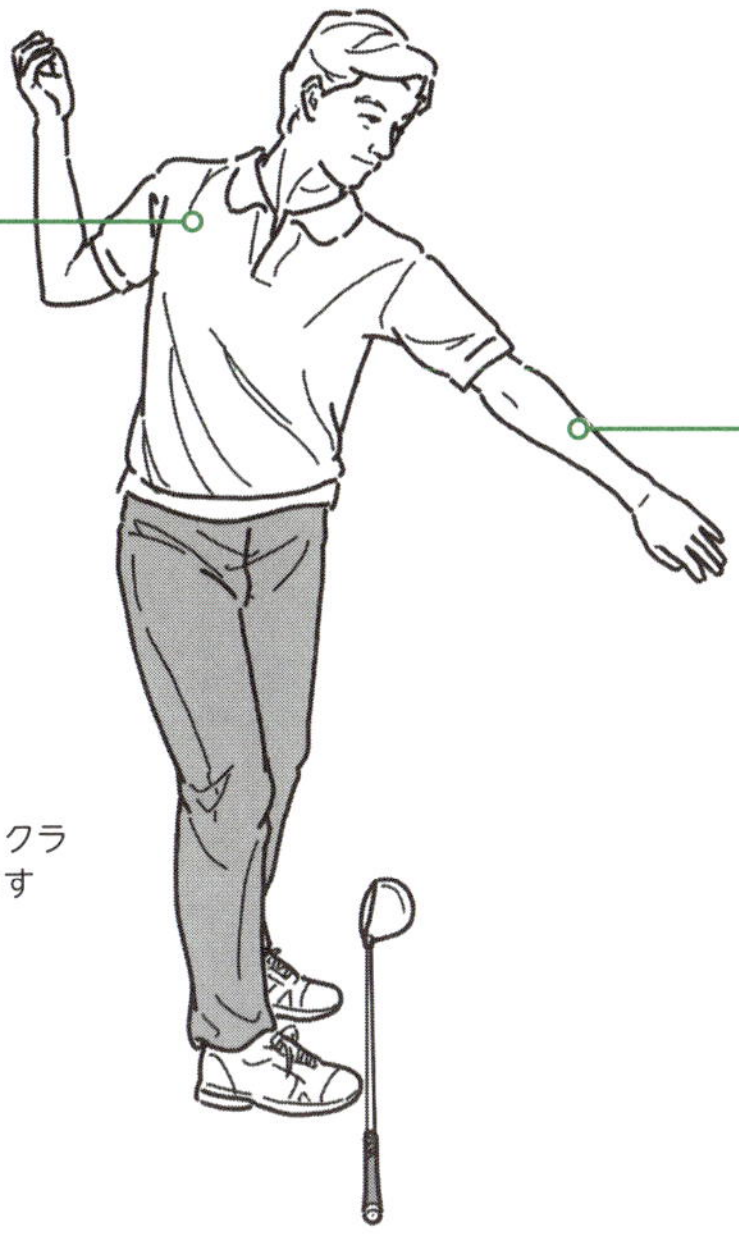
右手と右胸を後ろに引くと、体が回転します
左手を前に出します
クラブを置いて、クラブに沿って立ちます

POINT

右足に体重が移動しているのを体感します
ただし、左足も地面をつかんでいます

◎ダウンスイング時の体重移動◎

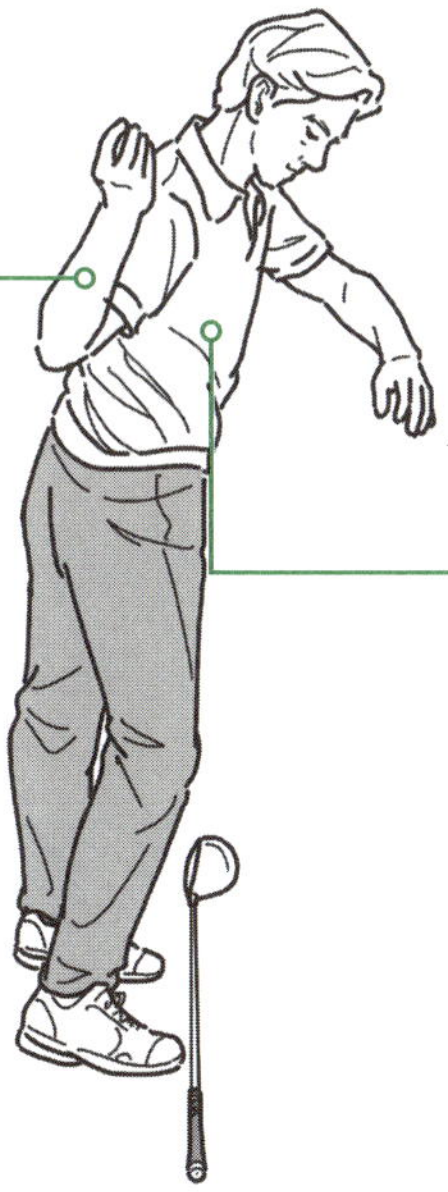
右手は後ろに残します
右胸は前に移動し、腰を切り返します

足の裏の感覚は

①右かかと
②右親指つけ根
③左親指つけ根
④左かかと

と体重が移動していく感じです

POINT

左足に体重が移動してくるのを体感します
ただし、右足も地面をつかんでいます

23 アドレス時の体重のかけ方を体感

アドレス時には足の指で地面をつかむイメージ

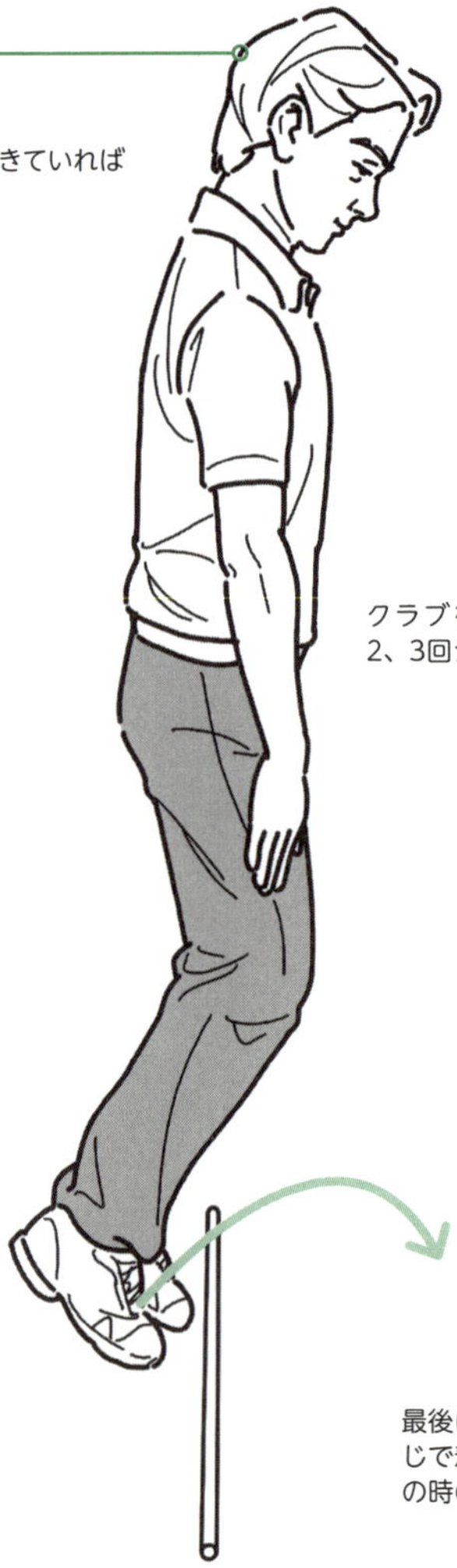
正しくジャンプできていれば
頭は動きません
クラブを挟んで前後に
2、3回ジャンプします
最後に前に跳んで、地面をつかむ感
じで着地をします。これがアドレス
の時の体重のかかり方です

アドレスから、テイクバック、フォロースルーというスイングの一連の動きでは、まず中心にあった体重が右足に移動し、その後中心に戻ってから、左足に移っていきます。

では、体重は足のどの部分にどの程度かけたらいいのでしょうか。アドレスの際の、**体重の適切なかかり具合を体感する方法**をお教えします。

まっすぐ立ち、クラブを挟んで前後にジャンプを繰り返します。2、3回ジャンプして、前に跳んで着地した時に止まります。

その時の体重のかかり具合が、アドレス時の両足への体重のかかり方です。この時、**足や腰の筋肉ばかりではなく、意外に腹筋を使っている**ことも体感できるでしょう。

アドレスの時にしっかり足もとを固めておかないと、この体重移動は支えきれません。足腰、腹筋が弱っている方は、うまくジャンプできないので、筋力テストにもなります。

うまくジャンプできなかったら、スクワットや腹筋運動で足腰、腹筋を鍛えましょう。

24 「左右の連続横跳び」でスイング中の体重移動を体感

正しい体重移動で
ボールを遠くに飛ばす!

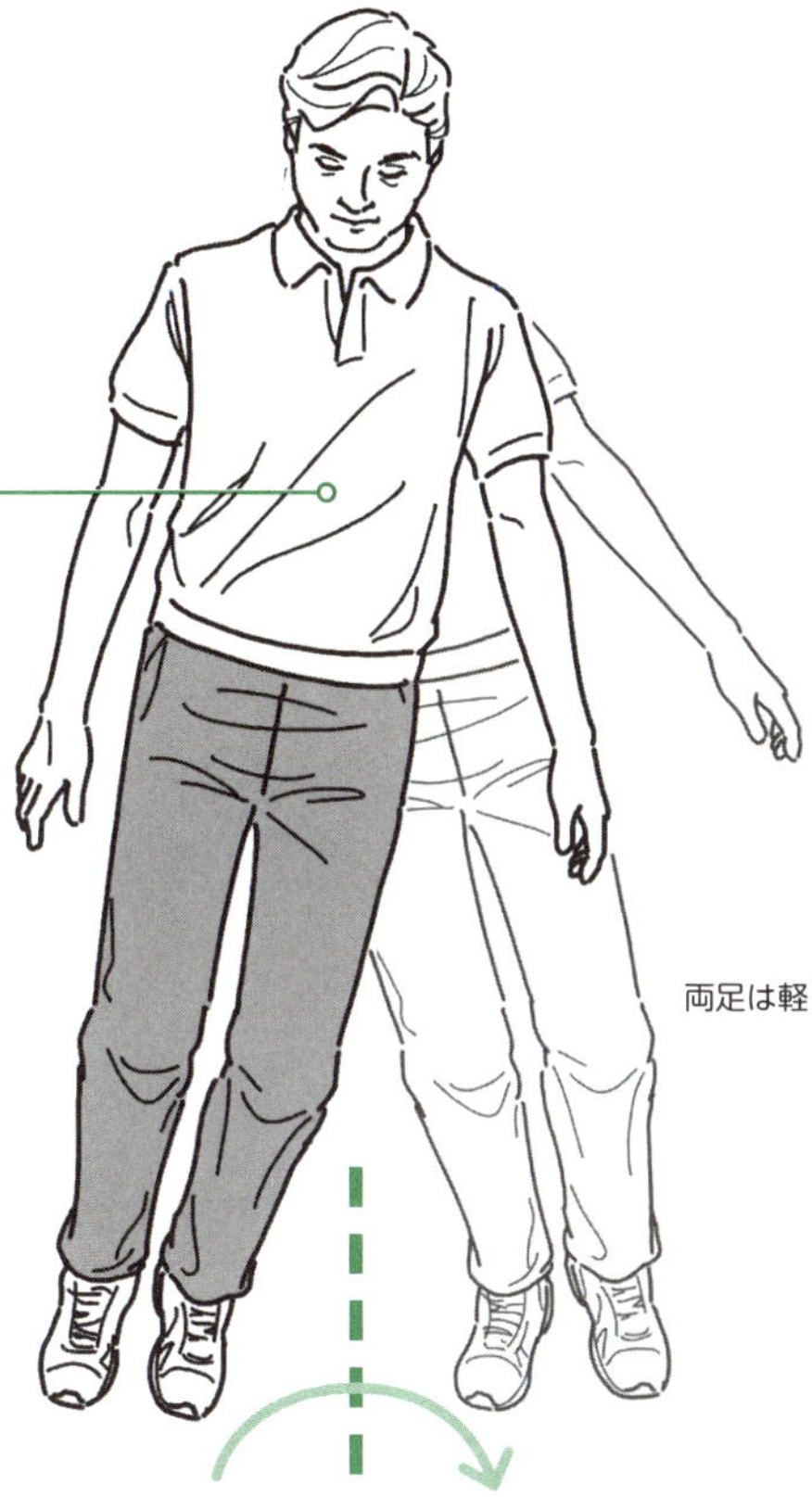
下半身は左右に動いていても、頭や体の軸はあまり左右に動きません
両足は軽くそろえて跳びます

POINT

「左右の連続横跳び」では、すぐに逆方向に動くので、完全に片方の足に体重が乗るのではなく、スイング時と同じ体重配分を体感することができます

正しい体重移動は、クラブヘッドの加速を生み、ボールを遠くへ飛ばします。

では、正しい体重移動とはどのようなものでしょうか。「片足立ちを左右交互にするようなもの」と答えた方がいましたが、これは誤りです。

正しい体重移動を体感するためのエクササイズは、「左右の連続横跳び」です。

床の上に線を引き、その線を中心線として左右にステップします。

連続して横跳びをすると、体重は片足だけに乗ってしまうのではなく、いつでも逆方向に動けるように、適度な体重配分になっているはずです。

バックスイングで**体重移動をした時には、すでに逆方向の動きが始まっている**ことを体感できます。

足腰を鍛えているプロゴルファーの中にはいわゆる「一本足打法」の人もいますが、よく見ると、**バックスイングのトップで一本足で立っている間も体重はつねに左**（フォロースルーの方向）に向かうようにかけられていて、重心が右（後方）へ移動してしまうのを避けています。

25 自分の筋肉の強い部分と弱い部分を体感

バランスのいい筋肉にするとまっすぐ跳べてまっすぐ立てる

跳んだ形で分かるミスショットの傾向

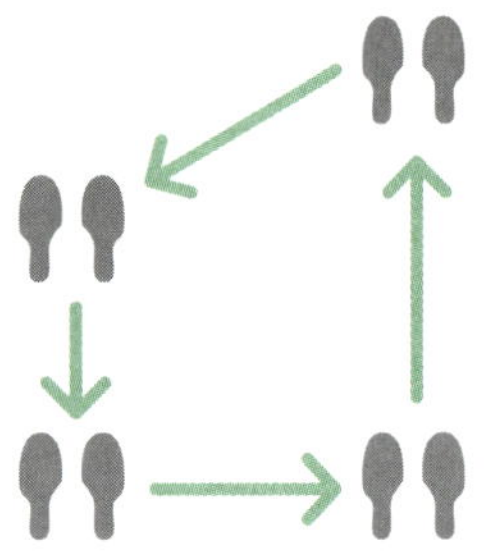

このような跳び方になる人は、カット打ちになりやすい傾向にあります

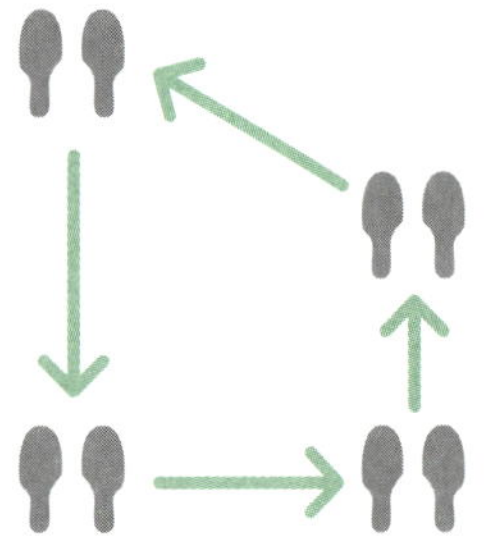

このような跳び方になる人は、体が開きやすい傾向にあります

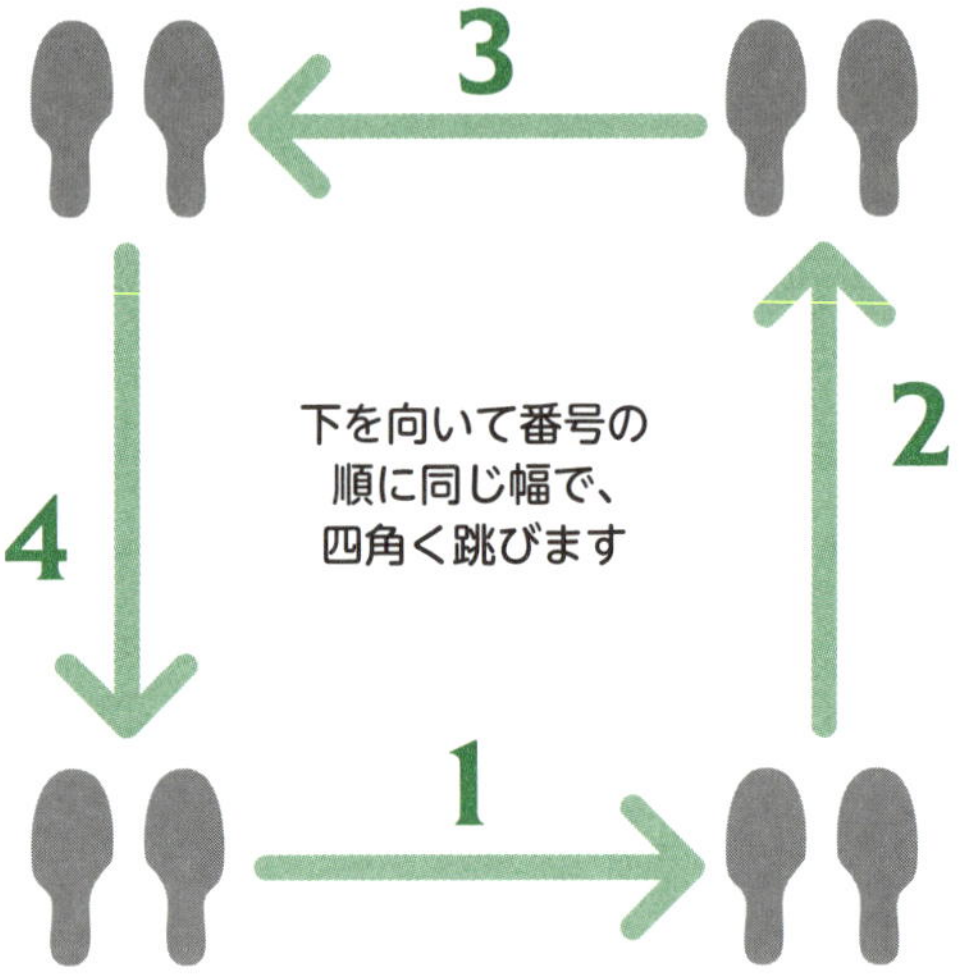
3
2
4
1
下を向いて番号の
順に同じ幅で、
四角く跳びます

POINT
初めはゆっくり、できるようになったら、なるべく速く回ります

人の肉体には、筋肉の強い部分と弱い部分があります。

ゴルフではこの筋肉の強弱が微妙に影響してきます。自分では、まっすぐ打っているつもりでも、まっすぐいかない、目標点に対して平行に立ったつもりが、平行に立てていないなど、**自分の感覚と実際の体の動きとにずれが生じている時は、筋肉の強弱が影響している**場合があります。

まっすぐに立って、右横、前、左横、後方と同じ幅に跳んでみましょう。何度か跳んで、正方形になるように同じところを跳べている人は、バランスのいい筋肉をしています。

しかし、**多くの人が正方形にならず、台形や三角形に近い形**になってしまいます。つまり、同じように真横に跳んだつもりでも、力の入るほうの足の筋力が弱いと、同じ幅に跳べないのです。すると跳んでいるうちに徐々に正方形がいびつな形になってきてしまうのです。

いびつになった人は、このジャンプをエクササイズにして、時々跳んでみてください。

このエクササイズで鍛えて、できるだけ正方形に何度でも跳べるようにしましょう。

26 スイング中の手首の動きを体感

手首を返すとボールは飛ぶが、この時、手首は折らない

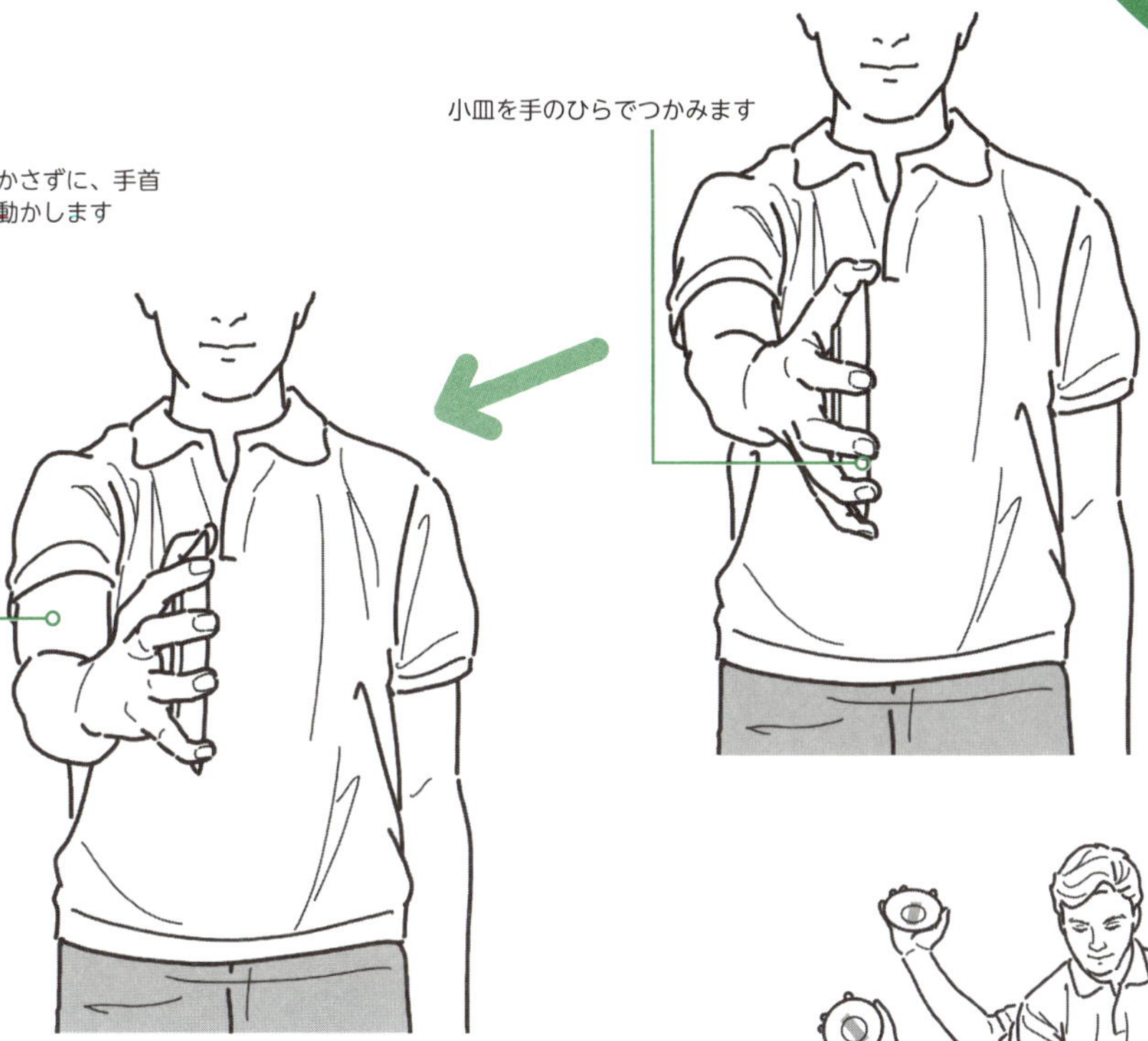
小皿を手のひらでつかみます
腕は動かさずに、手首だけを動かします
親指側に回します。このまま小指側にも回します

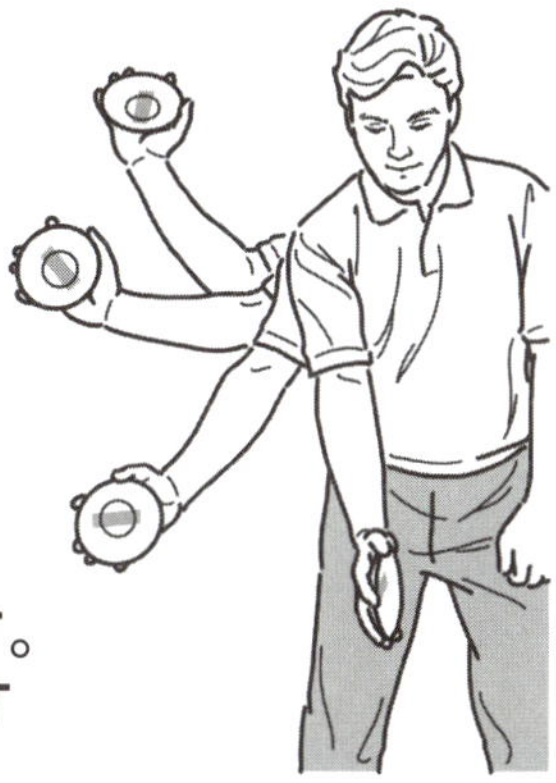

POINT
テイクバックでの、手首の動きです。小皿が回っていることが分かります

ゴルフのスイングは、〝シンプル・イズ・ベスト〟です。できるだけ**体の回転に逆らわないように、自然に手を振れるのが理想**です。

例えば手首についても、無理にこねたり意識してタイミングをはかったりすると、複雑な動きになりスイングが乱れます。手首の動きで気をつけたいのは、**スイングの途中で手の甲側に手首を折ったり、手のひら側に倒したりすることがない**ということです。プロの連続写真などを見ると分かりますが、左右の手の両親指は甲側がつねに顔（または頭）のほうを向いています。

この手首の動きを体感しましょう。脇を締めてひじを曲げ、手を前に出し、小皿（または茶たくやビンのふたなど）を手のひらで持ちます。

そのまま小皿を回せるところまで手前・奥に回転させます。

手の甲側、手のひら側に手首が折れないように注意してください。これがスイング中の手首の動きです。

これは手首の柔軟性を高めるエクササイズにもなるので、毎日テレビを見ながらでも、やってみてください。

27 正しいグリップを体感

クラブは軽く握るほど ヘッドの運動量を最大にできる

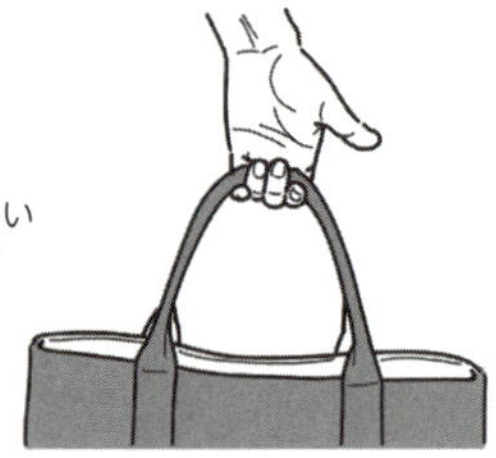

グリップは、かばんを引っかけて持った時くらいの軽く握る感覚が、正しく握った時の感覚です

◎うちわを使ってもグリップの感覚を体感できます◎

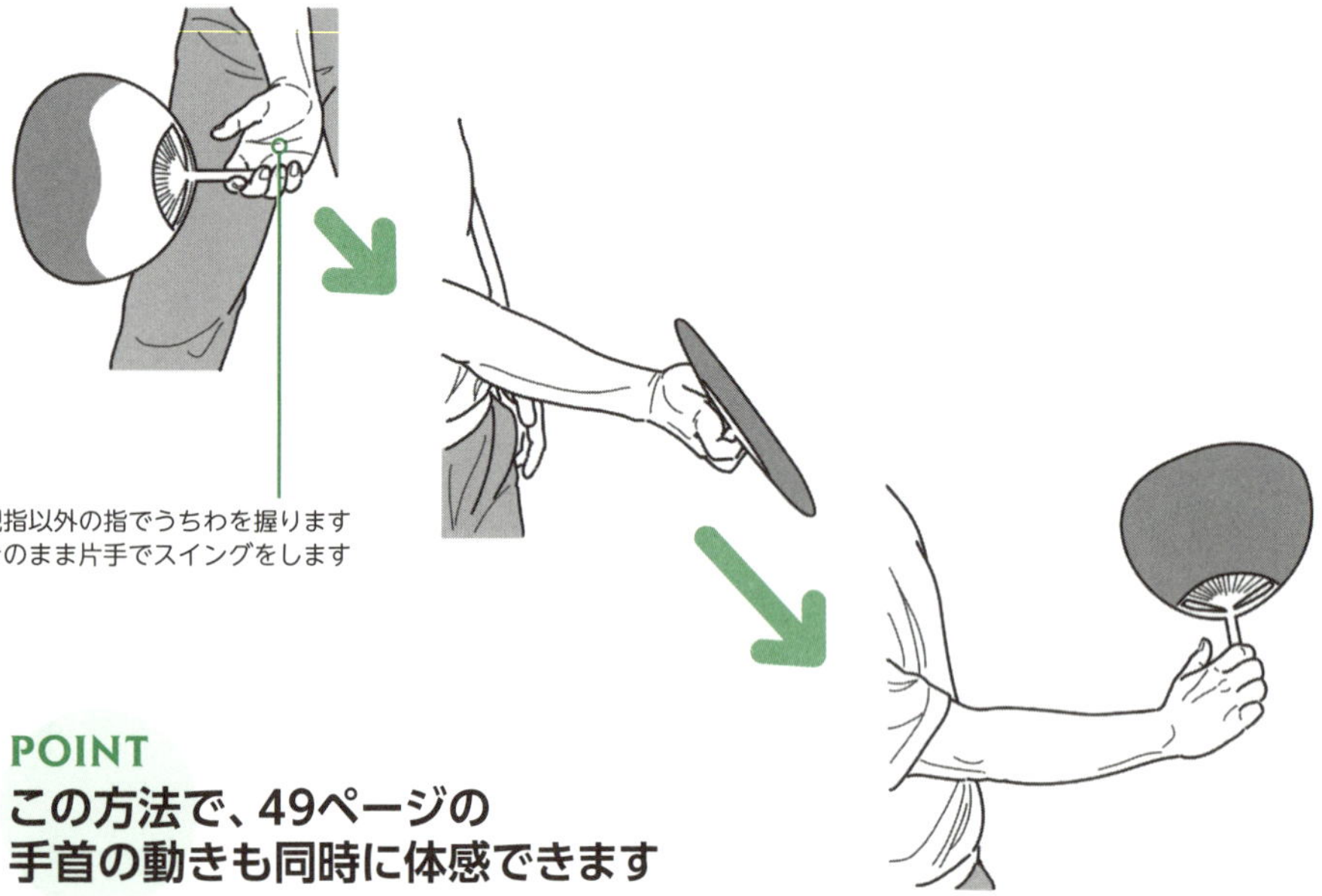

親指以外の指でうちわを握ります
そのまま片手でスイングをします

POINT
この方法で、49ページの手首の動きも同時に体感できます

正しいグリップとは、指だけで握ることです。ここでは、日常生活で正しいグリップを体感する方法を紹介します。電車の中でも簡単にできます。

まずは、通勤かばんを普通に持ってみてください。握り拳ができるほど強く握る人は、まずいないと思います。

ほとんどの人が**4本の指にかばんの持ち手を引っかけ、軽くぶら下げるようにして持つ**でしょう。実はこれは、ゴルフのグリップと同じなのです。

もう一つは、電車のつり革です。これも、じゃんけんのグーのように握る人はいないでしょう。指を軽く引っかけるようにして、つり革をつかむと思います。

右手でつり革をつかんでみてください。この動作は、テイクバックのトップと同じです。グリップや腕の力の入れ具合も、同じなのです。

クラブは軽く握るだけでいいのです。これが**ヘッドの運動量を最大限にする秘訣**です。

「かばん」も「つり革」も、通勤途中に簡単にできますから、ぜひ試してみてください。また、うちわを使っても体感できます。

28 正しく握って「ヘッドが走る」を体感

ヘッドスピードはグリップをいかに軽く握れるかで決まる

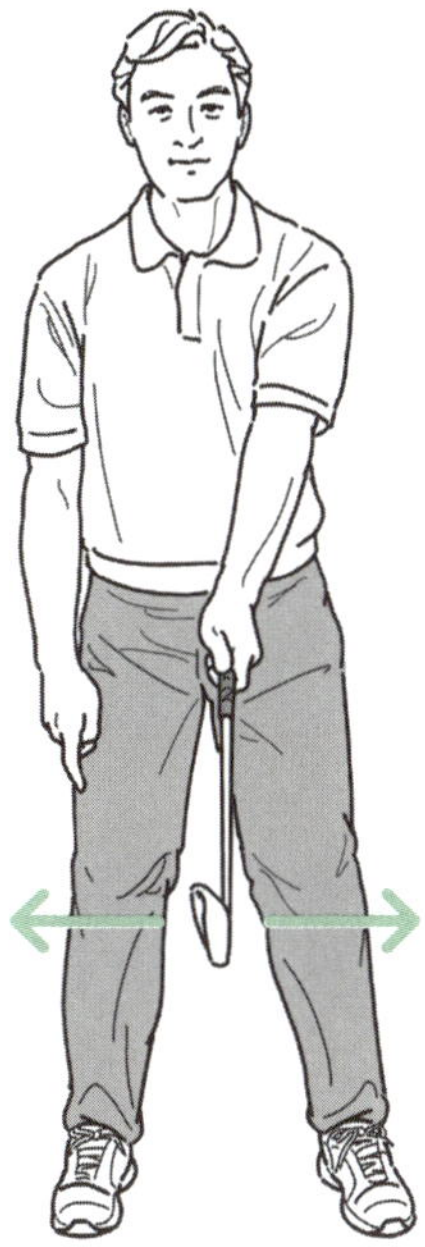

左手だけでグリップします。小指、薬指、中指の3本で軽く握り、人差し指と親指を添えます

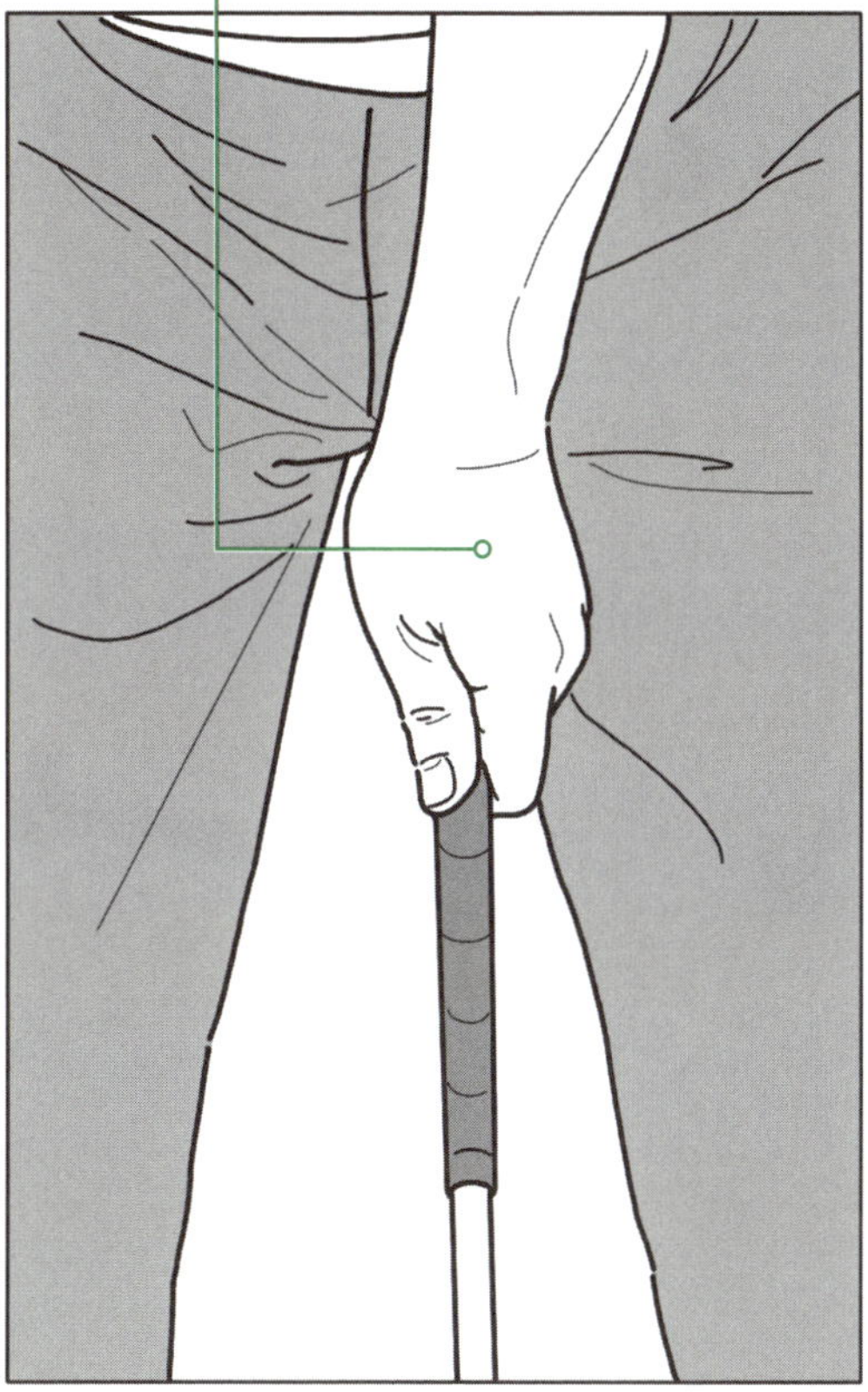

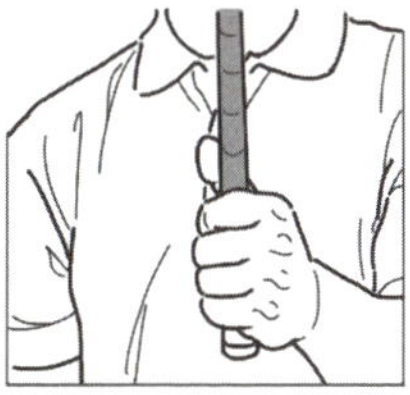

NG

がっちりと握ると、「あそび」がなくなり、ヘッドが走りません

POINT

左右に振ってみると、軽く握ったほうがヘッドが動くのが分かります

手首から先はできるだけ自由に動くようにしておいたほうが、精度、ヘッドスピードともに増します。

つまり、クラブが自由に動くためには、指で握ったほうがいいのです。

クラブを指で握ると、クラブの動きをじゃましません。ところがしっかり手で握ってしまうと、クラブは自由に動けず、せっかくのクラブの動きを損なってしまいます。

実際には、**左手の小指、薬指、中指の3本の指でクラブを軽く握り、後は右手を添えるだけ**で十分です。これで、ボールに打ち負けることはありません。実際にやってみましょう。

クラブを、左手のひらで強くグーで握りしめてみます。そのまま左右に手首を動かします。クラブヘッドはあまり動きません。

次に左手の小指、薬指、中指の3本の指で握ってみます。同じように左右に手首を振ってみましょう。先ほどと違って、**クラブヘッドが大きく動くことが体感できる**でしょう。

この自由な動きが、速いヘッドスピードを生み出すのです。

29 上腕のねじりとタメを体感

スムーズな上腕のねじりとタメがヘッドスピードをアップする

左手だけで軽くクラブを振ってみます
指で握るグリップと手のひらで握る時を比較してみましょう

POINT
指で握ったほうが上腕のねじりとタメが体感できます

前項で「指で握るグリップ」を説明しました。正しいグリップの利点は、なんといっても**スイングのプロセスにおいて、クラブが正しい軌道を通る**ことです。

指で引っかけるように正しくグリップしてテイクバックをすると、クラブは自然に、スイングプレーン（スイング時にできるクラブの描く平面。53ページ参照）に沿って立っているはずです。

そのまま上腕のねじりとタメでクラブは正しく動き、スイングプレーンに沿って動いていきます。

しかも、**正しいグリップをしているゴルファーは、上腕のねじり方に柔軟性がある**のでタメができ、ヘッドスピードが速くなります。

実際に体感してみてください。左手でドライバーを握り、体の前で左右に振ってみてください。手のひらも使って力任せに握ったグリップでは、上腕のねじりもタメもできず、うまく振れないでしょう。

ところが、正しいグリップで握っていると、自然に上腕のねじりができ、タメも体感できるはずです。クラブはスムーズに振れます。

30 手首を回して柔軟性を体感

手首の柔軟性が強いインパクトを実現できる

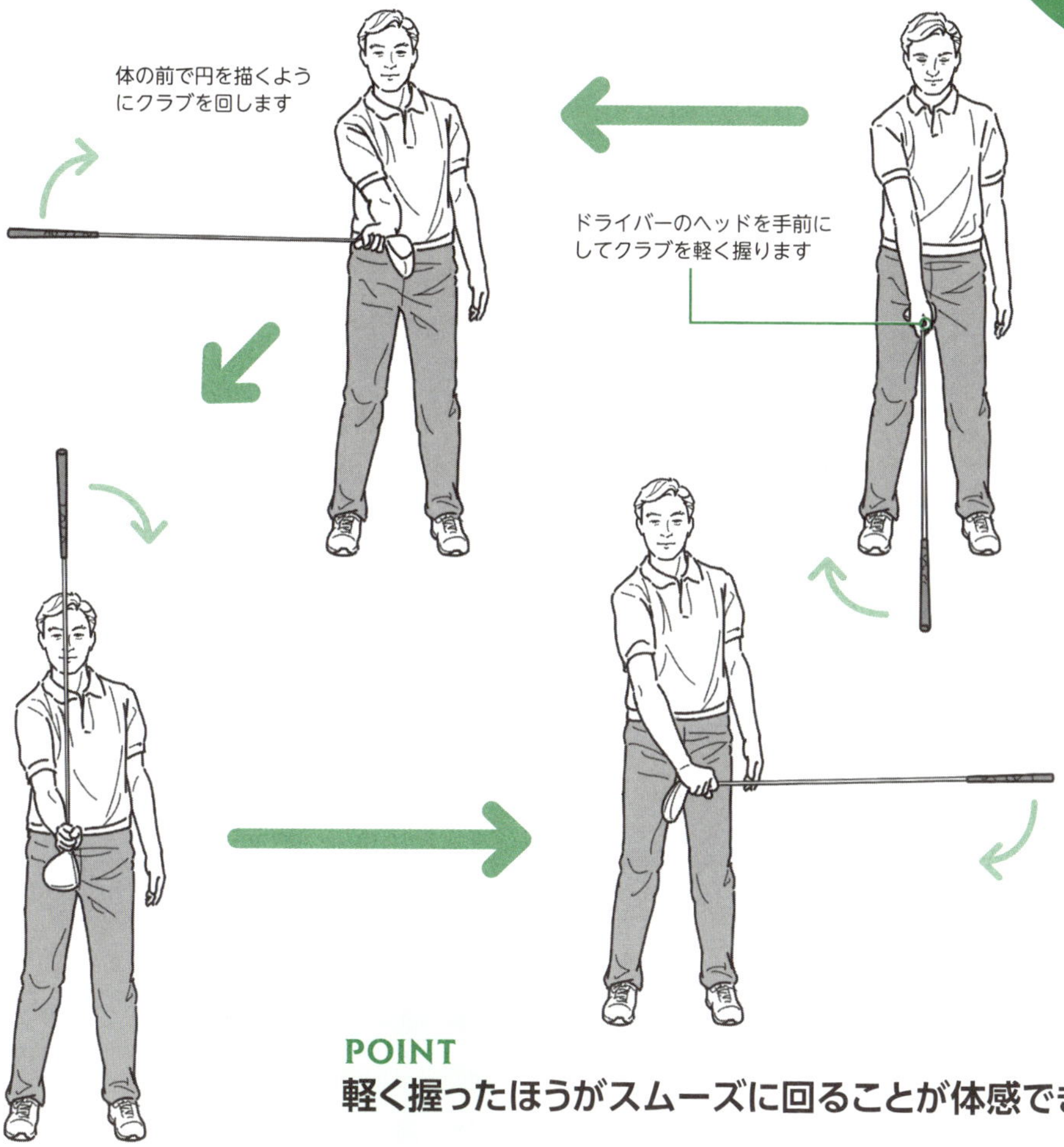

体の前で円を描くようにクラブを回します
ドライバーのヘッドを手前にしてクラブを軽く握ります

POINT
軽く握ったほうがスムーズに回ることが体感できます

スイングをする際に大切なことの一つに、手首の柔軟性があります。手首が硬くなっていると、スムーズな指と手首のねじりができないために、強いインパクトを得ることができません。

そこで手首を回して、柔軟性を身につけましょう。クラブを軽く握り、アドレスをとり、体の前で手首だけを使ってクラブをグルグル回してみましょう。スムーズに**大きな円が描ければ、柔軟性があること**が分かります。この時、指は人差し指と中指、薬指と小指の間で、筋肉がバラバラに動いています。そのことも体感してください。

そして**クラブを回しても体がぐらつかず安定しているなら、正しい手の位置**だといえます。

ほとんどの人は、お腹の真ん前ではないでしょうか。これで、アドレスの際のクラブの手の位置が安定します。

アドレスの際に、手の位置が決まらないと思った時には、クラブをグルグル回して手の位置を探ってみましょう。

また、これはエクササイズにも最適です。練習の前後に、クラブをグルグル回して手首の柔軟性を身につけましょう。

31 扇子を開いてインパクトを体感

インパクトの瞬間のヘッドスピードは上半身のねじりが作る

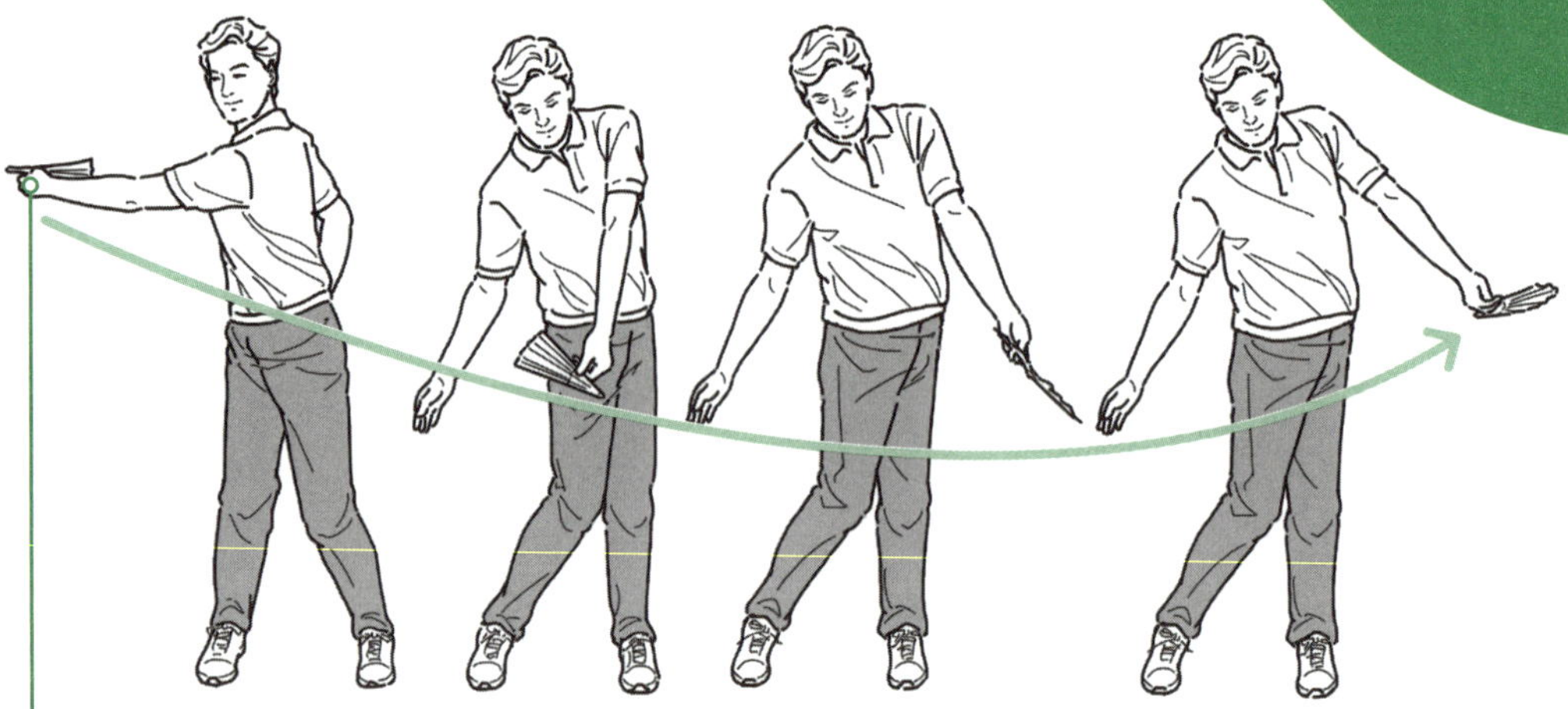

扇子を左手に持ちスイングのように振ります

POINT

タイミングよく開けた感覚が、インパクトの体感です

アマチュアゴルファーとプロのクラブヘッドのスピードは、テイクバックやスイングの始動時ではそれほど差はありません。

プロはゆっくり振っているように見えて、なぜヘッドスピードが速いのでしょうか。それは**プロのスイングは、クラブが腰の横にきてからインパクトまでが速い**からなのです。

本書を読む前であれば、「そこがプロとアマの違いだ」「プロはコック（手首）が強いから」「筋肉が鍛えられているから」と思ったかもしれませんが、ここまで読まれた方であれば、もうお分かりだと思います。

上半身のねじりを使う正しいスイングをすれば、**誰でもタメの利いたスイングができ、ヘッドスピードも速くなる**のです。

だから男子プロのように大きな体や筋肉のない女子プロでも、いや、ジュニアやシニアでも飛ばせるのです。

扇子の端を持ち、上半身をしっかりねじって、スイングするように振って正面で扇子を開いてみましょう。タイミングよく開けた時の感覚が、インパクトの体感です。

32 パッティング時の「しっかり打つ」を体感

パッティングは全身の筋肉を使ってしっかり打つ

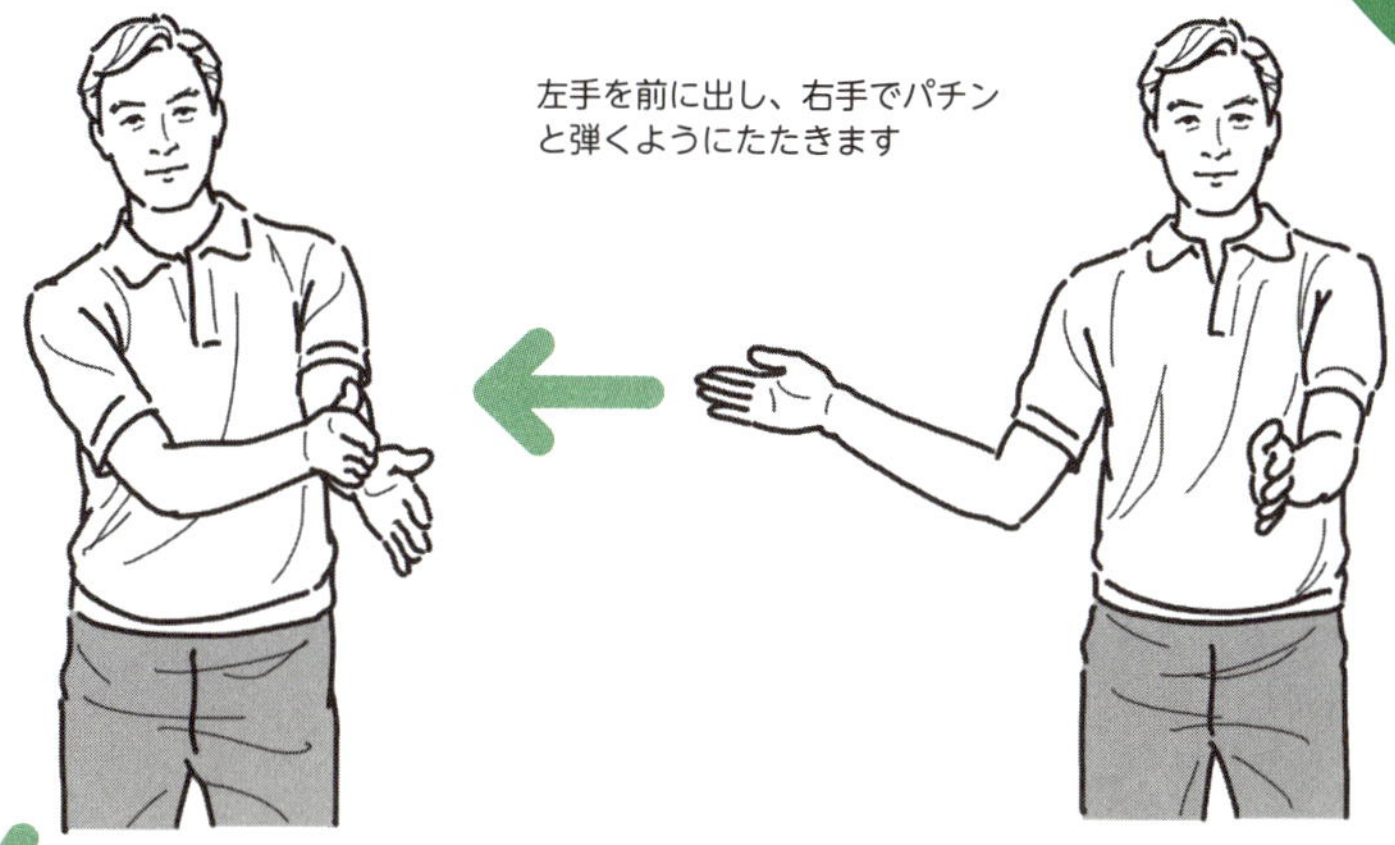

左手を前に出し、右手でパチンと弾くようにたたきます

◎利き目を知る◎

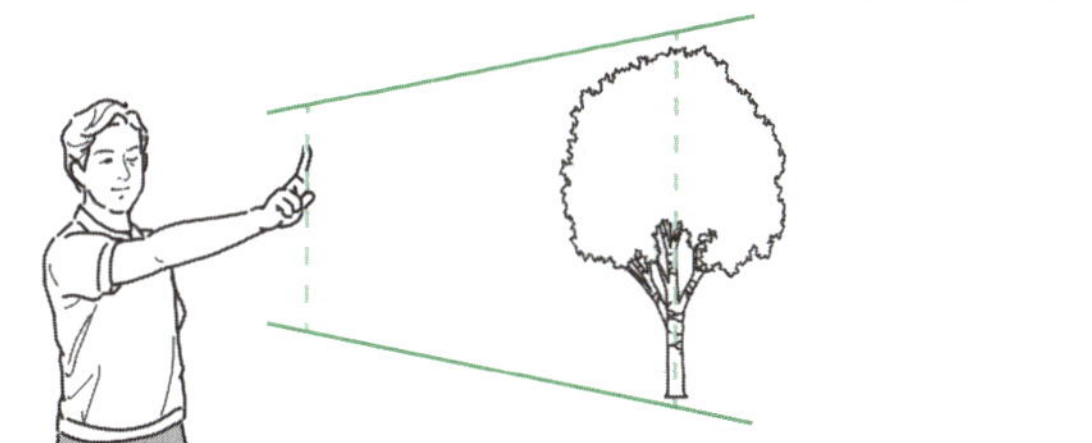

指を突き出して、遠くのものに重ねます。その状態で片目を閉じ、指の位置がずれないほうが利き目です。パッティングの時は、利き目の真下にボールを置きます

POINT

手をパチンと弾く感じが、パッティングの「打つ」という感覚です。体の前で手を打って体感しましょう

パッティングでは距離が短いと、力を加減しすぎてボールを押し出してしまいがちです。

この失敗は、体を使っていないために起きます。パッティングの時も、**胸・背・腹筋を意識して、ボールをしっかり打つことが大事**です。

打つ感覚を体感するには左手を前に出し、右手で手のひらを打ちます。

または、練習グリーンにティーを2本ボールより少し広めに刺し、その真ん中にボールを置き、パターでティーよりはみ出している部分だけをしっかり打つ練習をすると効果的です。

また、パターで大事なのは方向性です。きちんと**カップに向かって構えるためには、ボールは利き目の下**に置きます。こうすることによって、方向のずれを防ぐことができます。五円玉に紐を通し利き目の位置から垂らしてみて、ボールが真下にあるかどうか確認してみましょう。

ところで、自分の利き目が左右どちらか知っていますか？ 指を突き出して、両目を開いて遠くの木などに重ね、そのまま片目を閉じた時に、指の位置がずれないほうが利き目です。

33

大股歩きで正しい姿勢を体感

ミスショットの後は大股で10歩、歩いてみる

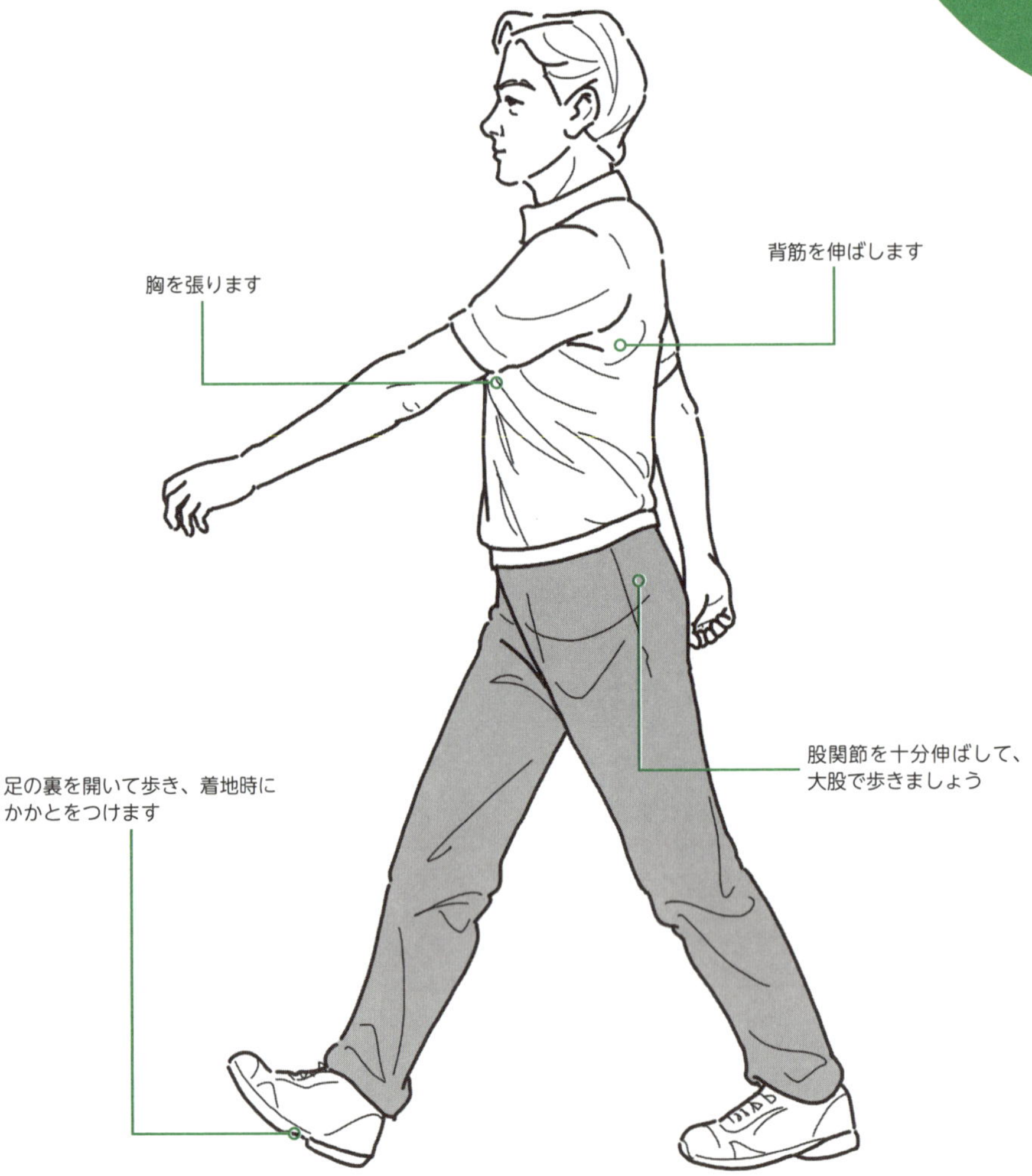
胸を張ります
背筋を伸ばします
股関節を十分伸ばして、
大股で歩きましょう
足の裏を開いて歩き、着地時に
かかとをつけます

どんなに練習を積んだとしても、コースで100点満点のショットを続けることはできません。ミスショットの多くは、回転軸に沿って正しく体が回転できていない場合に起こります。

また、背中や首が曲がっていることもあります。背中が曲がると**胸が閉じてしまい、スイングが小さくなってしまう**ためです。

ミスをした後、正しいショットに戻す方法を紹介しましょう。とても簡単です。

ミスをするなど調子が悪くなったら、足の裏を開いて、大股で10歩、歩く。それだけです。

ミスショットの後はがっかりしがちですが、そういう時こそ**胸を張り、首や背骨を伸ばして大きく深呼吸**しましょう。そして、次のショットに向かう時には、背筋を伸ばして大股で歩きます。

すると股関節も十分伸びて、ショットに適した姿勢に戻ります。

疲れからくるミスショットもあります。その時は、足首を両手で上下につかみ、何度も絞るようにマッサージします。

また、ふくらはぎの上部を親指で指圧するのも、足の疲れに効果的です。

34 時計をイメージしたスイングを体感

スイングプレーンは時計に見立てクラブの振り幅を意識する

斜めの時計の文字盤がスイングプレーンであり、すべてをクラブが通っていくイメージで打ちましょう
12
3
9
6
アプローチショットなどは9時から3時までなど、時計の文字盤で振り幅をイメージし、距離をあわせます

ゴルフは、前を向いて横にボールを打つスポーツです。「何を当たり前のことを」といわれるかもしれませんが、頭で分かってはいても、そのようにスイングしていない人がいます。

ゴルフは横に打つのですから、**回転軸と腕との角度は、スイング中はいつでも90度であるはず**です。体の回転に逆らわず、回転軸と90度になるように腕を動かしましょう。

難しいことはありません。股関節を動かし、それに沿って自然に腕を振るだけでいいのです。

繰り返しになりますが、腕や手は前に出すのではなく、飛球線方向（横）に出すことを忘れずに。

もちろん、正しく軸回転ができていれば、自然に飛球線方向に腕が振られるはずです。

このスイングプレーンを時計の文字盤に見立てると、イメージしやすくなります。時計の文字盤の上をなでるようにクラブが回転するイメージです。

アプローチショットの距離感を出す時も、この**文字盤の何時から何時までとイメージし、振り幅で距離感を覚える**といいでしょう。

35 いいスイングのための内転筋と背筋を体感

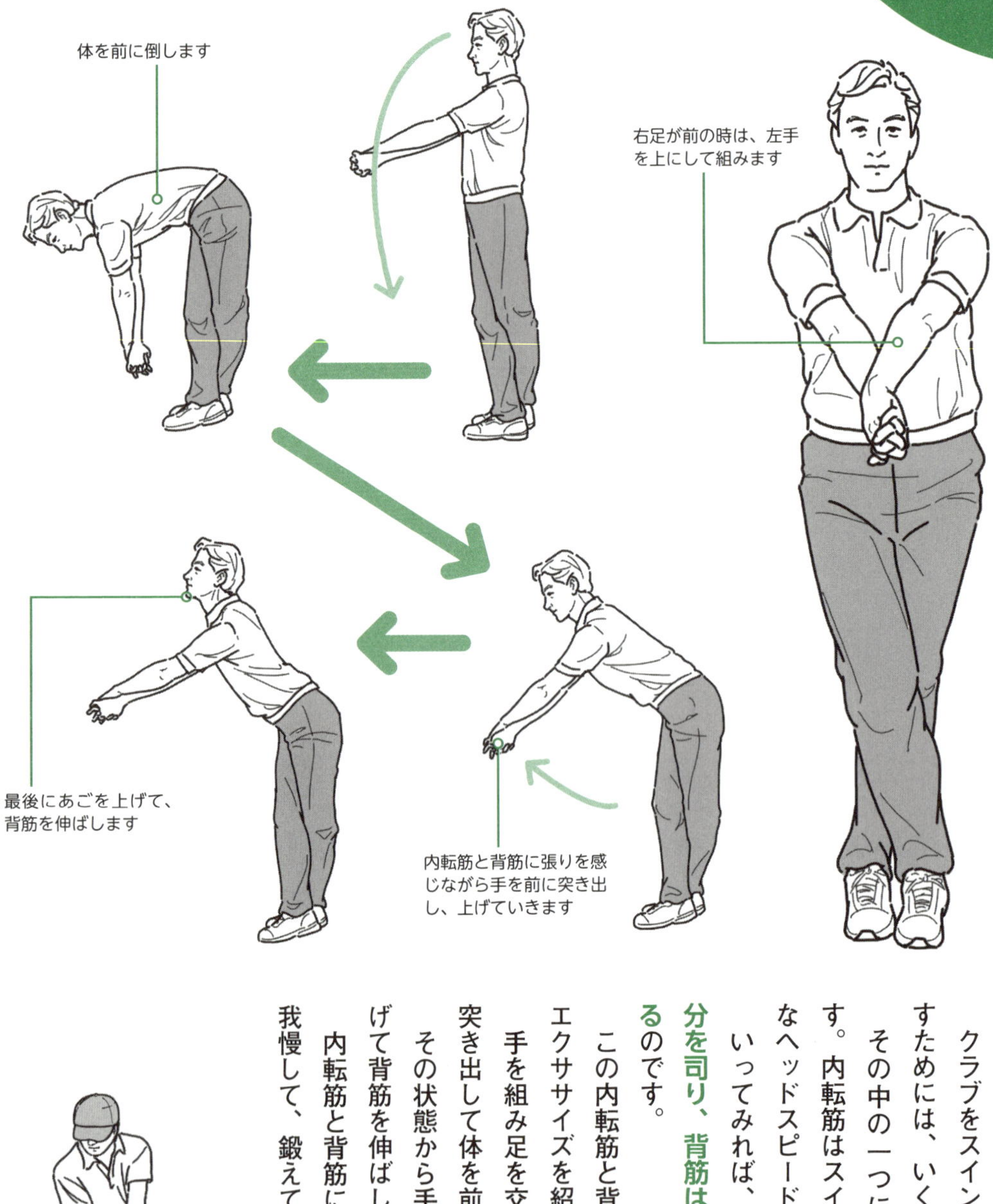
体を前に倒します
右足が前の時は、左手を上にして組みます
最後にあごを上げて、背筋を伸ばします
内転筋と背筋に張りを感じながら手を前に突き出し、上げていきます

クラブをスイングさせて、ボールを遠くへ飛ばすためには、いくつかの要素があります。

その中の一つに、**内転筋と背筋の力**があります。内転筋はスイングの土台を作り、背筋は強力なヘッドスピードを生みます。

いってみれば、**内転筋はスイングの動かない部分を司り、背筋はスイングの動く部分を司っている**のです。

この内転筋と背筋を、体感しながら鍛えられるエクササイズを紹介します。

手を組み足を交差させた姿勢をとり、手を前に突き出して体を前に倒します。

その状態から手を上げていき、最後にあごを上げて背筋を伸ばします。

内転筋と背筋に、張りを感じるはずです。少し我慢して、鍛えてみましょう。

◎クラブを持たずにフォームのチェック◎

上半身のひねりができているかどうかは、クラブを持たずにチェックします。1.アドレスの姿勢から、2.左手は前に出して止め、右手を後方に運び、3.左手を右手にあわせます。正しいフォームの場合、体がひねられている感覚がよく分かります

Part 2

21の体幹ゴルフエクササイズ

ゴルフでは、筋力と柔軟性の両方が必要となります。
理想的な体を作り、体幹を鍛えるためのエクササイズを紹介しましょう。
毎日行うことを推奨しますが、時間がとれない方は、
ちょっとのあき時間に行ってください。

ここで示した時間は目安です。無理のない範囲で行い、
徐々に時間や回数を増やしていきましょう。
また、これらのエクササイズを始める前には、必ずストレッチを行いましょう。

GOLF EXERCISE

1 首と肩の筋肉を鍛える

1…

手首を曲げて、手を前に突き出します

2…

そのまま首だけを後ろに引きます

この姿勢で10～20秒キープ
1に戻ります
これを繰り返します

GOLF EXERCISE

2 背筋と上腕を鍛える

1…

うつ伏せになります

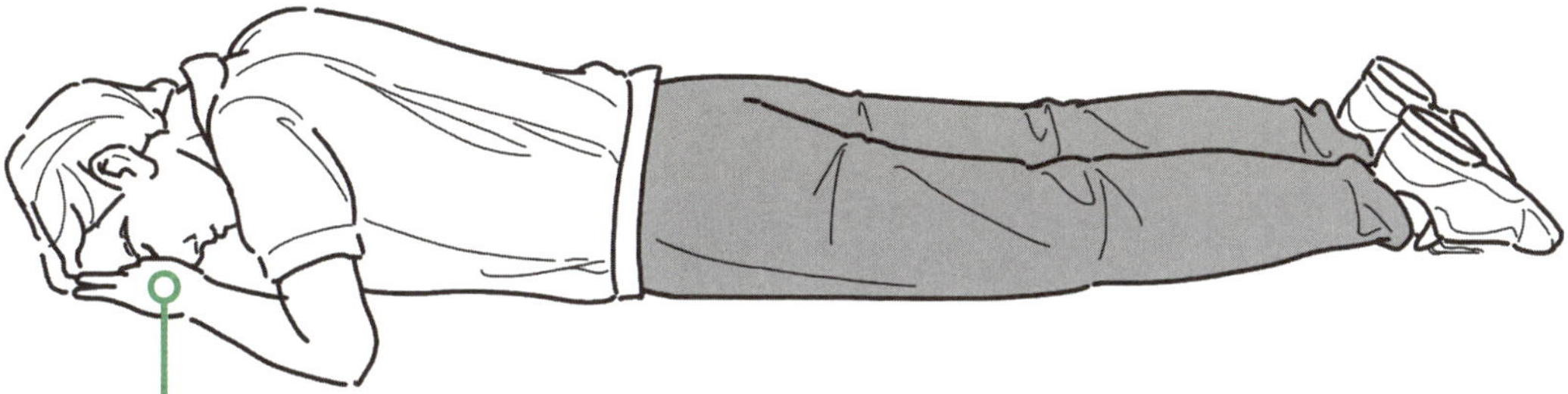

2…

へそを床につけて、へそから上だけを持ち上げます

この姿勢で5～10秒キープ
1に戻ります
これを繰り返します

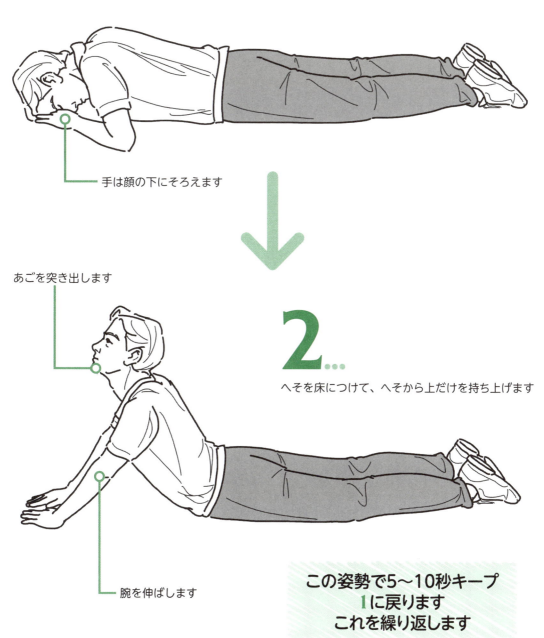

3 背筋を鍛える

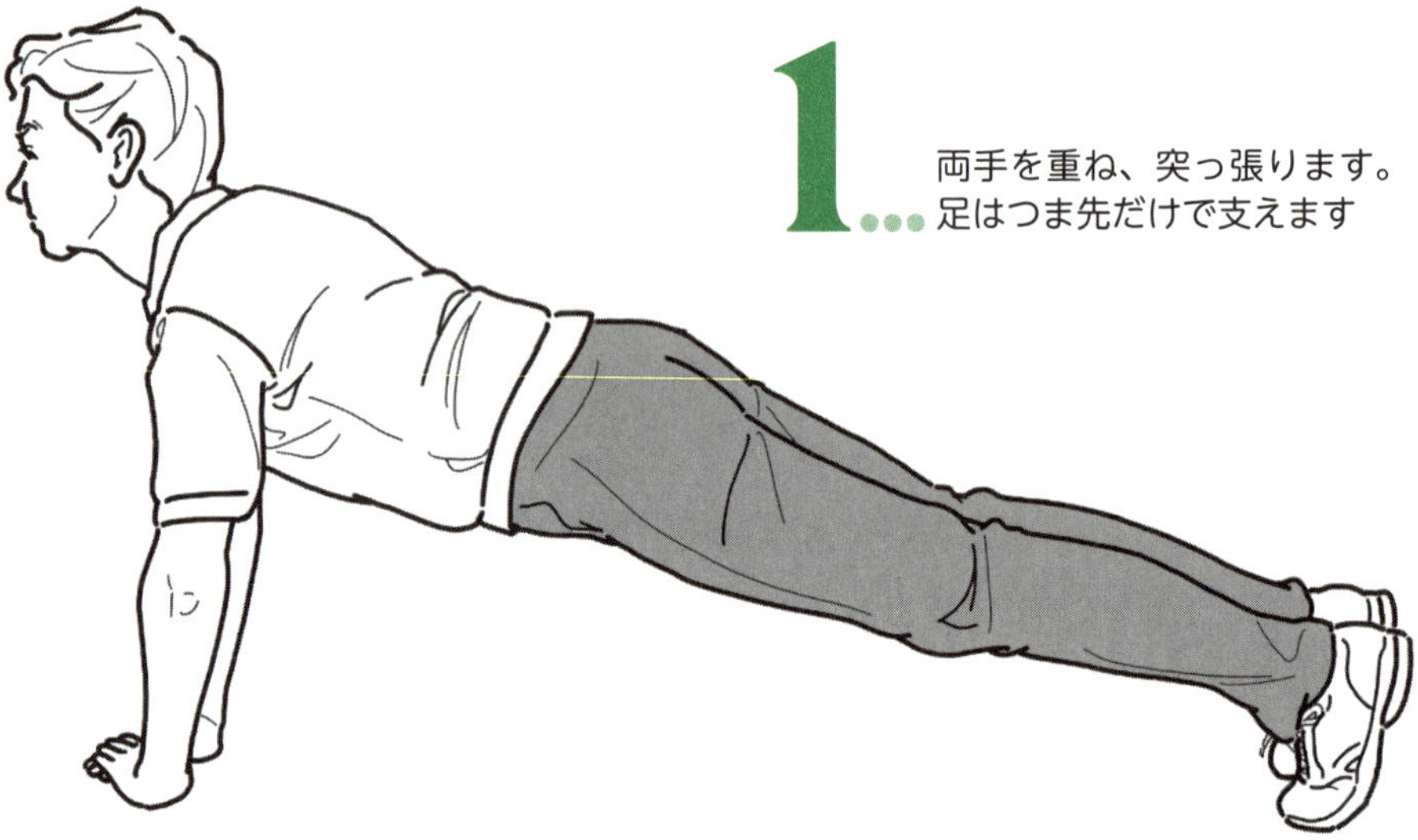

1… 両手を重ね、突っ張ります。
足はつま先だけで支えます

2… 首を上に向けます

この姿勢で10～20秒キープ
徐々に時間を増やします

＊無理をしないこと

GOLF EXERCISE

4 肩と胸の筋肉を鍛える

1… 両手を重ね、突っ張ります。
足はつま先だけで支えます

2… 片手を背中に回します

この姿勢で10～20秒キープ
徐々に時間を増やします
反対側も同様に行います

GOLF EXERCISE

5 腹筋を鍛えるI

1…クラブを首に当て両手で
つかんで、足を曲げます

2…そのまま上体だけを浮かせます

この姿勢で3〜5秒キープ
1に戻ります
これを繰り返します

GOLF EXERCISE

6 腹筋を鍛えるⅡ

1… 両足を両手で抱えます

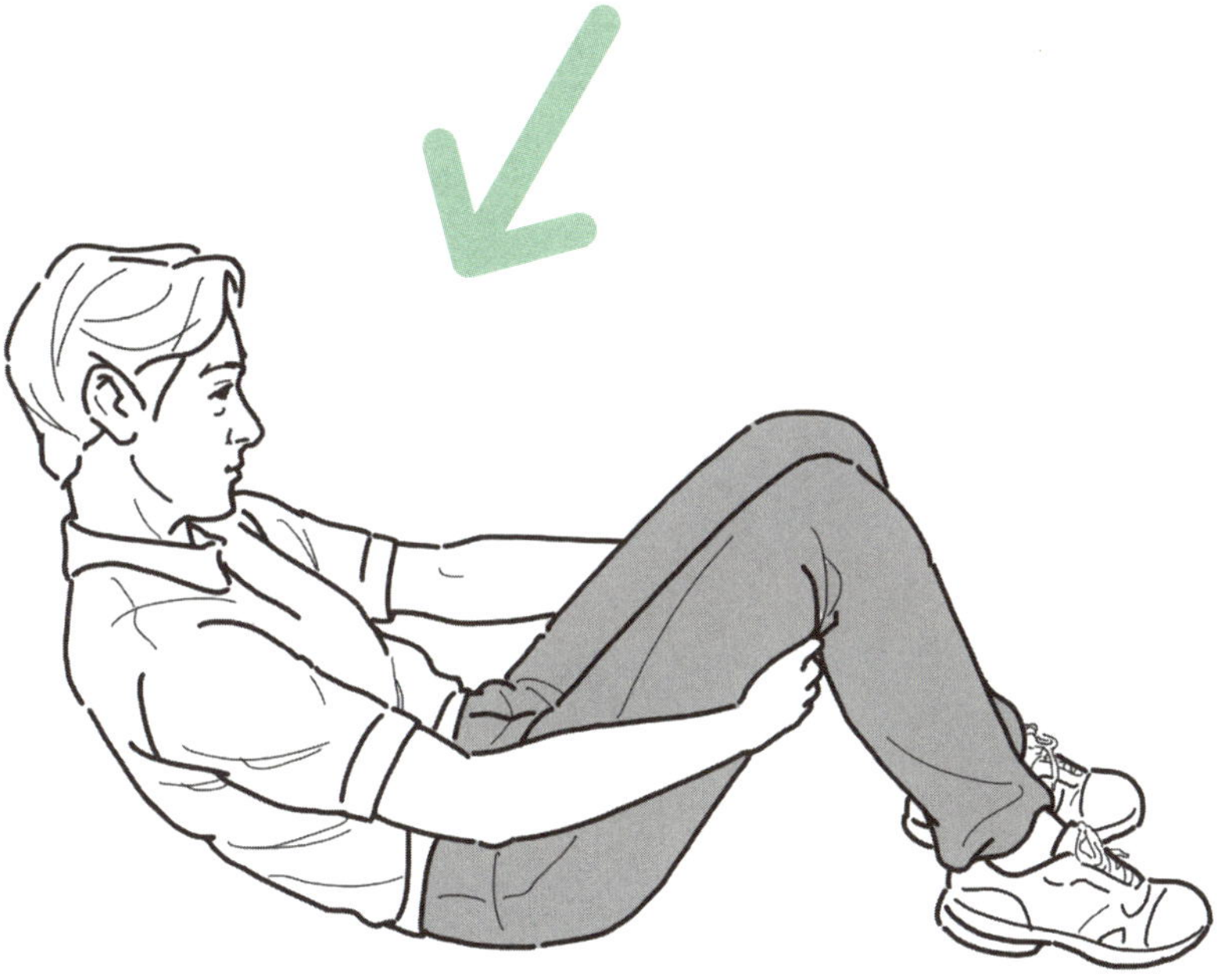

2… そのまま、後ろにゆっくりと
上体を持っていき、止めます

この姿勢で10〜20秒キープ
徐々に時間を増やします

GOLF EXERCISE

7 腹筋を鍛える Ⅲ

1…

仰向けに寝て両足を両手で抱えます

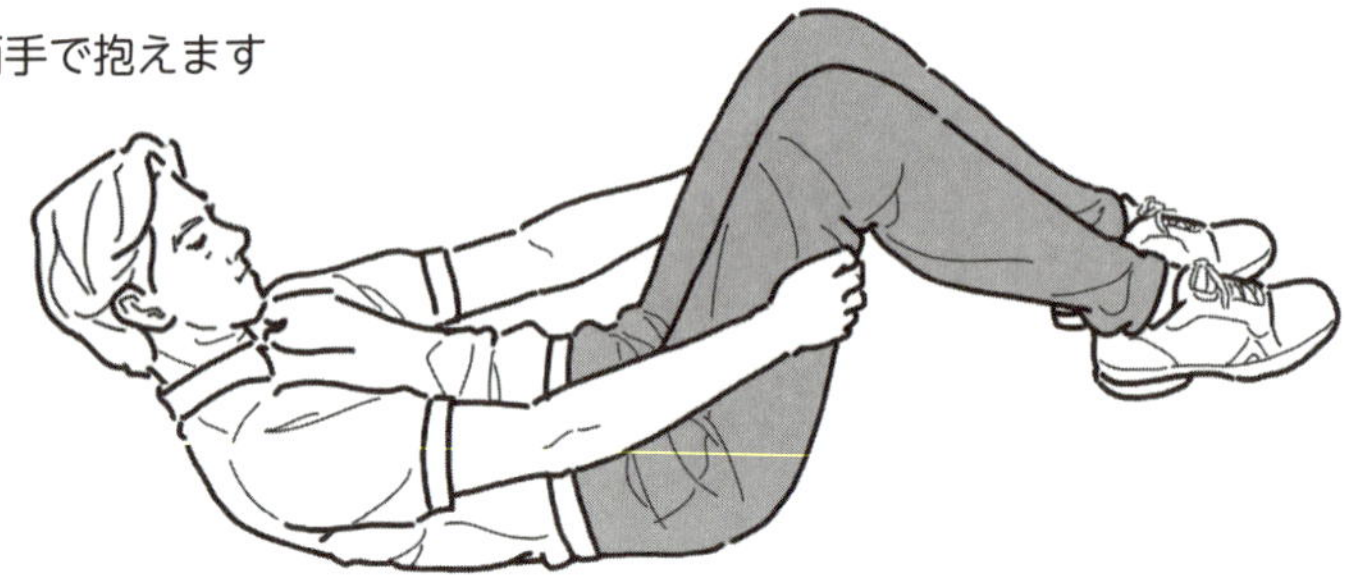

2…

ひざを胸に引いて背中は床につけます

3…

そのまま静かに上体を起こします

4…

ゆっくりと起き上がります

1に戻り、繰り返します

GOLF EXERCISE

8 側腹筋を鍛えるI

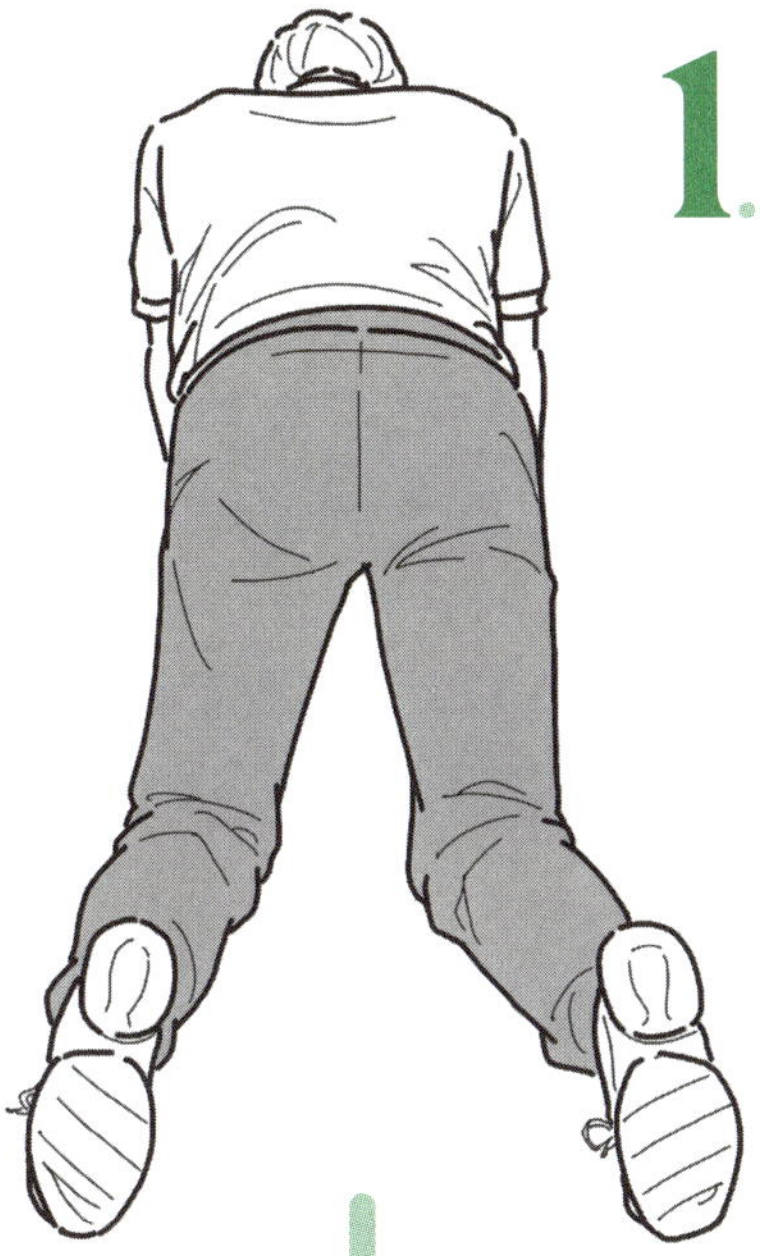

1… 手を突っ張った姿勢から、お尻を左右交互にひねっていきます

2… 右のお尻を内側にひねります

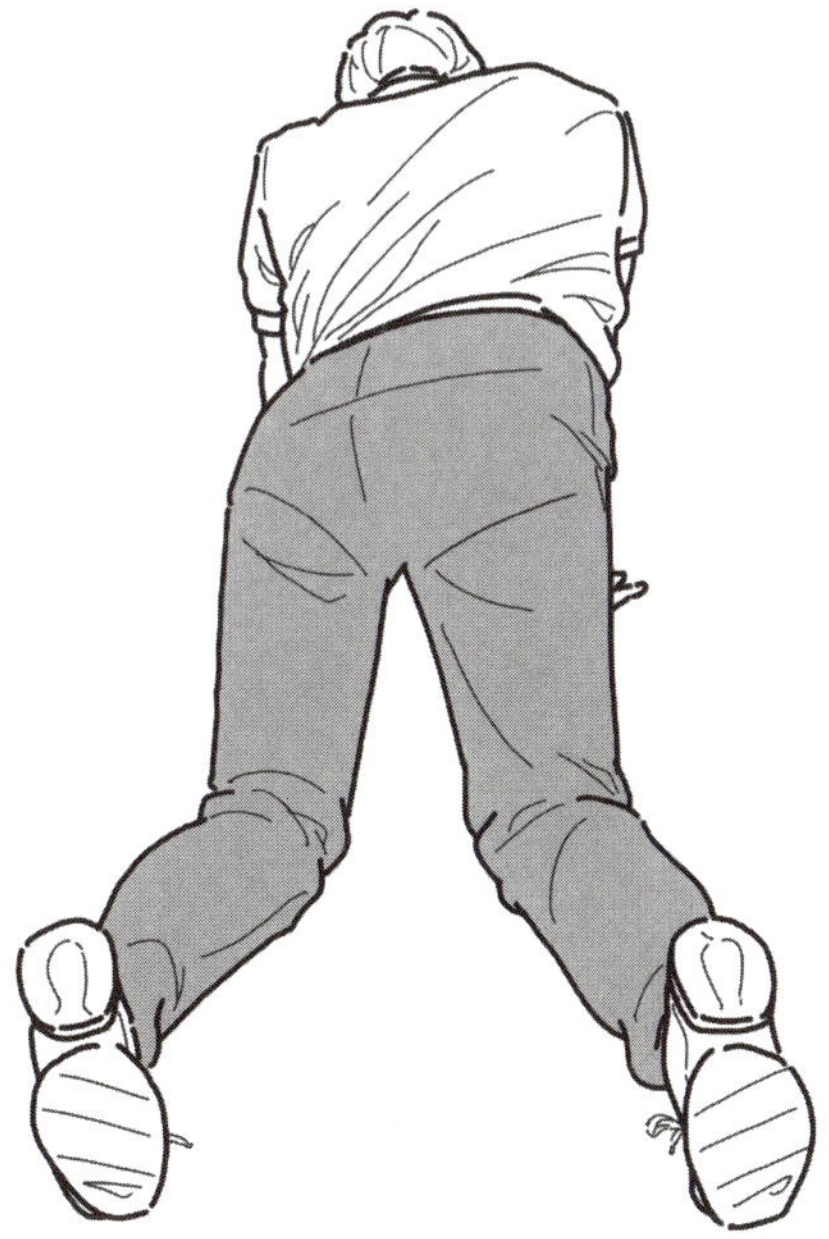

3… 左のお尻を内側にひねります

1～3を繰り返します

GOLF EXERCISE

9 側腹筋を鍛えるⅡ

1… 手を組んで手のひらを上に向け、右足を前にクロスさせます

2… 右側に上半身を傾けます

3… 次に、左足を前にクロスさせます

4… 左側に上半身を傾けます

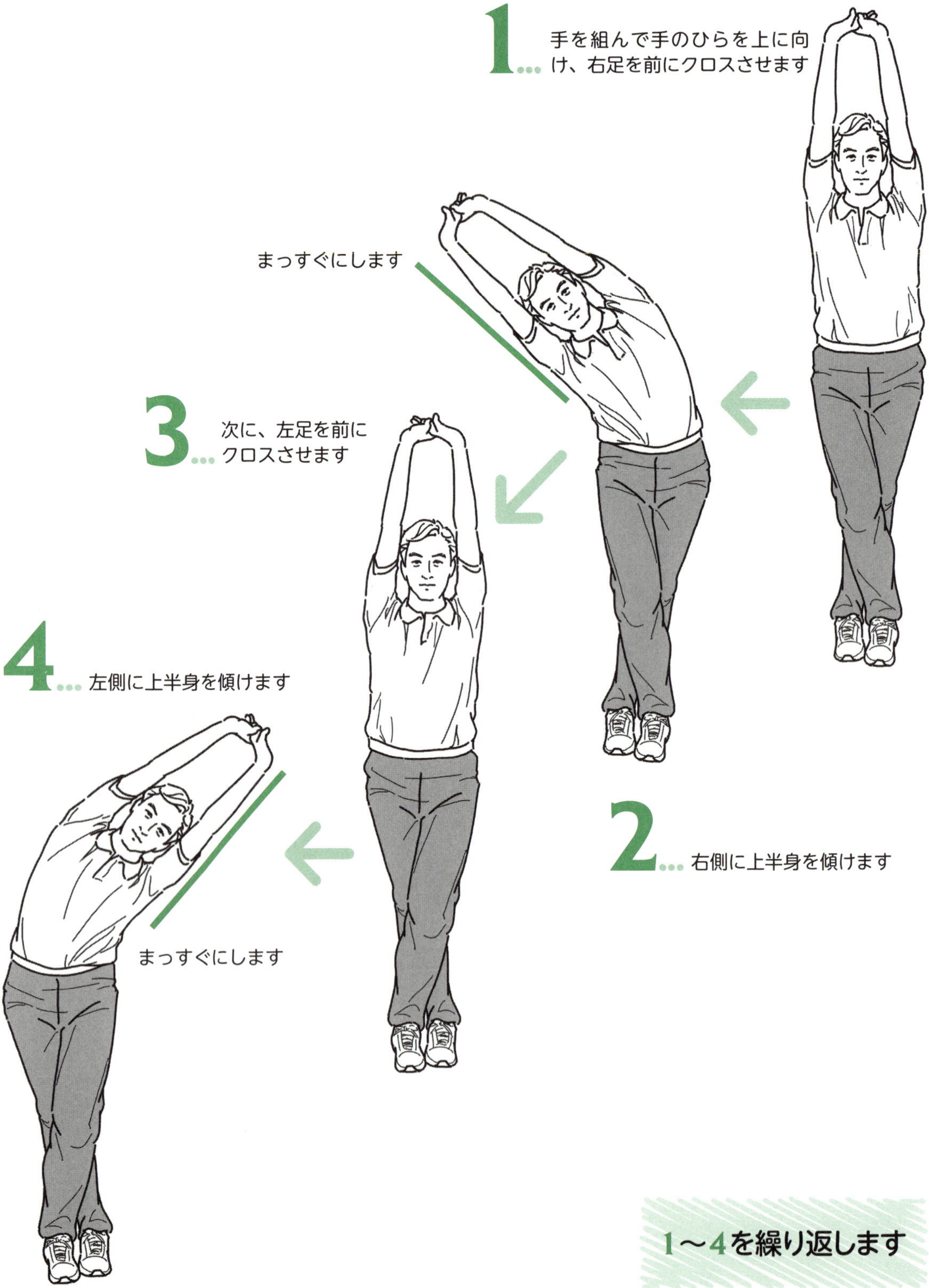

1〜4を繰り返します

GOLF EXERCISE

10 側腹筋を鍛える Ⅲ

1…

手とひざを床につけます

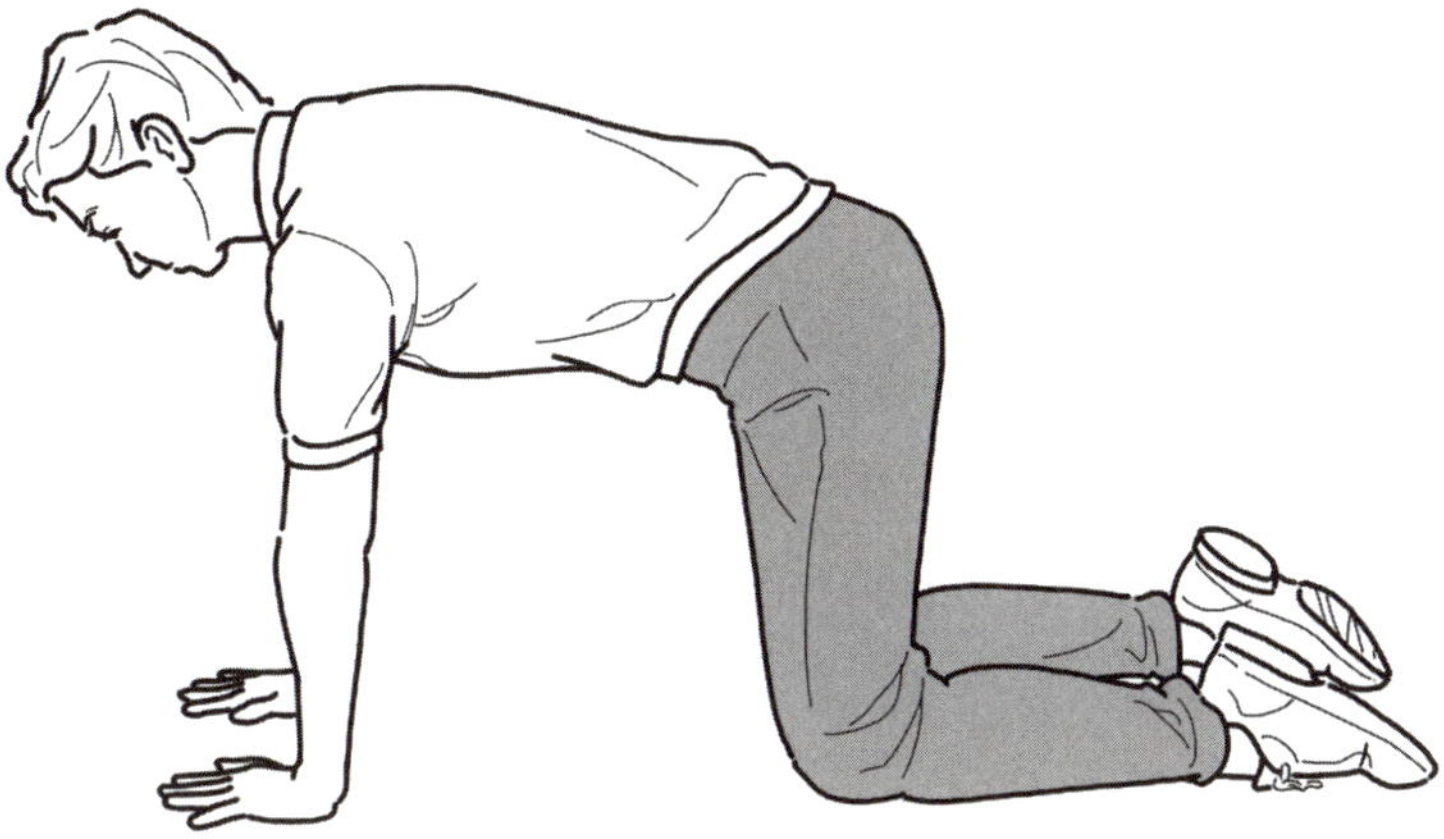

2…

左手を前に、左足を後ろに伸ばします

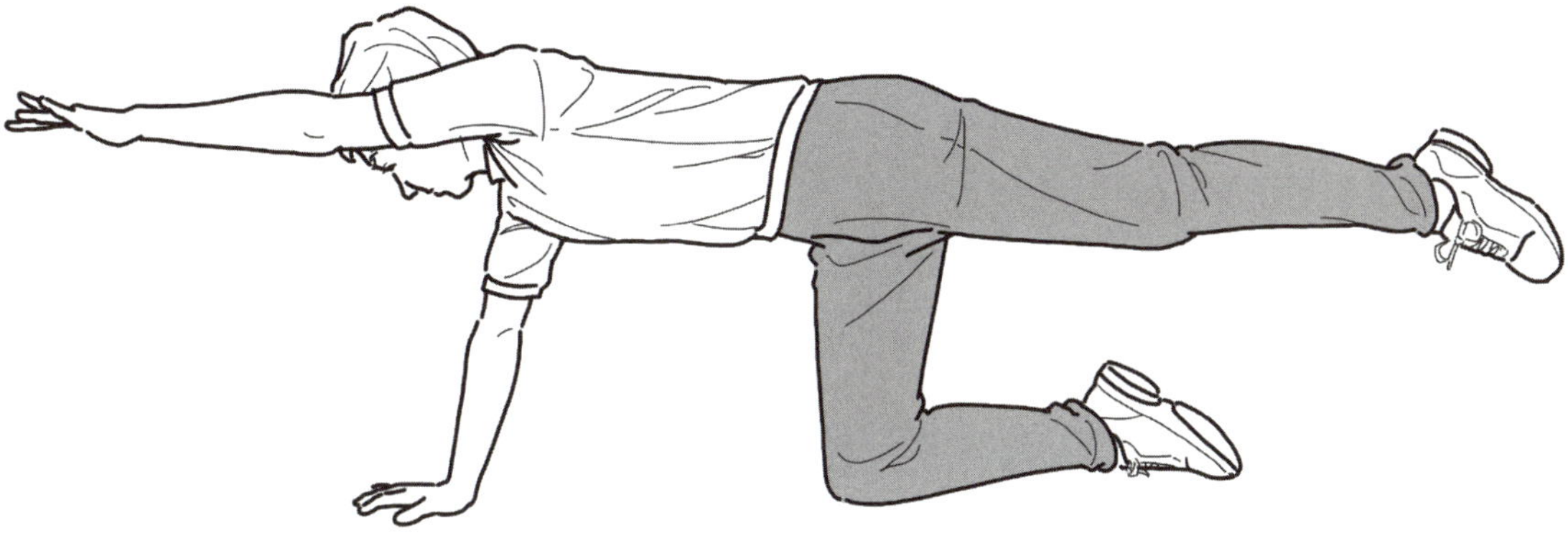

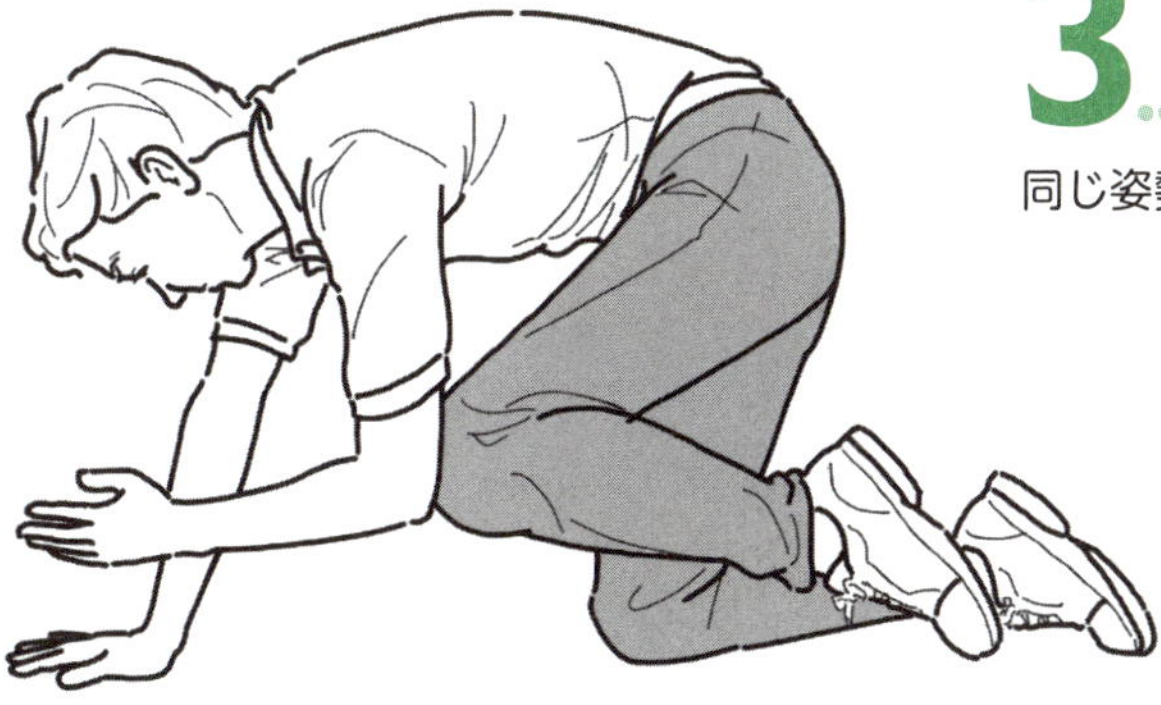

3…

同じ姿勢からひじとひざをつけます

1～3を繰り返します
反対側も行います

GOLF EXERCISE

11 腹筋と側腹筋を鍛える

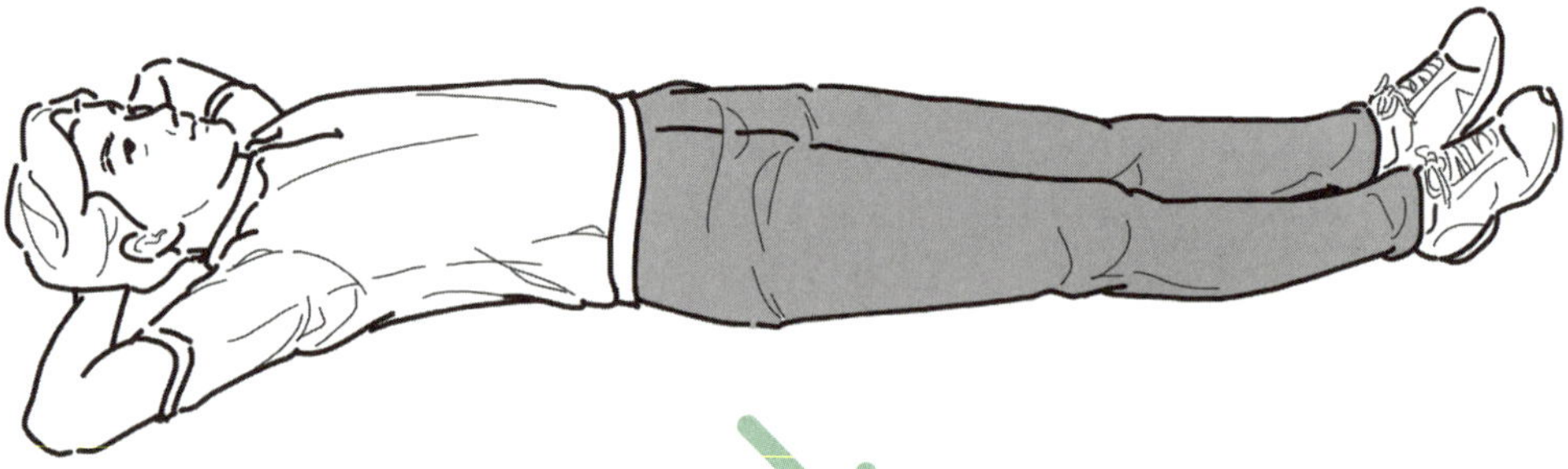

1…

仰向けに寝て、両手を頭の下で組みます

背中は床につけておきます

2…

足を上げ90度に曲げます

左ひじと右ひざをつけます

3…

左足を伸ばし、上体を右にねじります

左右交互に繰り返します

GOLF EXERCISE

12 腹筋と背筋を鍛える

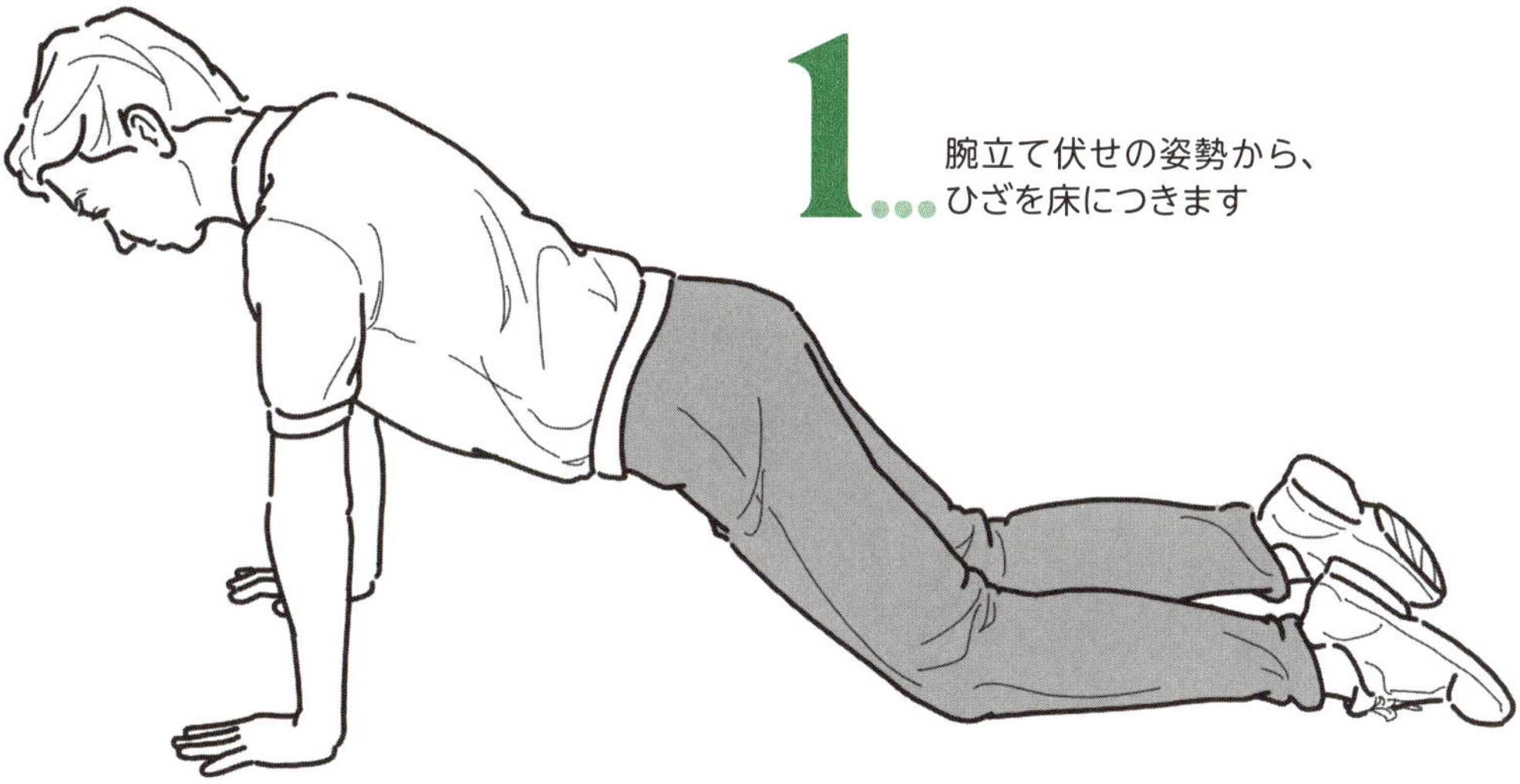

1…腕立て伏せの姿勢から、
ひざを床につきます

2…手を突っ張った姿勢から、
徐々にお尻を落としていきます

1～2を繰り返します

GOLF EXERCISE

13 大腿筋を鍛える

1…
まっすぐに立ちます

2…
左足を後ろに曲げ、右手でつかんで、
胸を張ります

そのまま10秒キープ
反対側も行います

14 大腿筋と下腿三頭筋（ふくらはぎ）を鍛える

1… 足を広げてつま先を開き、ひざを曲げます。右手の甲を左足のかかとにつけ、左手は後ろに振ります

2… 左手の甲を右足のかかとにつけ、右手は後ろに振ります

1～2をリズムよく繰り返します

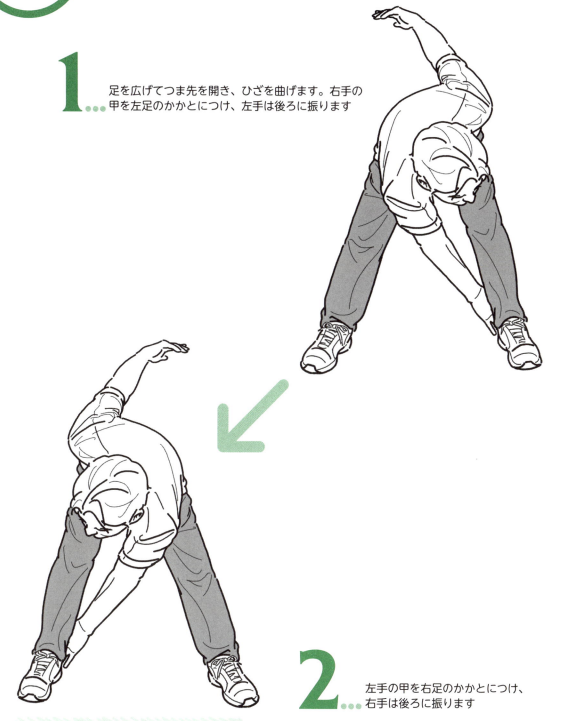

GOLF EXERCISE

15 上腕、背筋、大腿筋を鍛える

1…

手とひざを床につけます

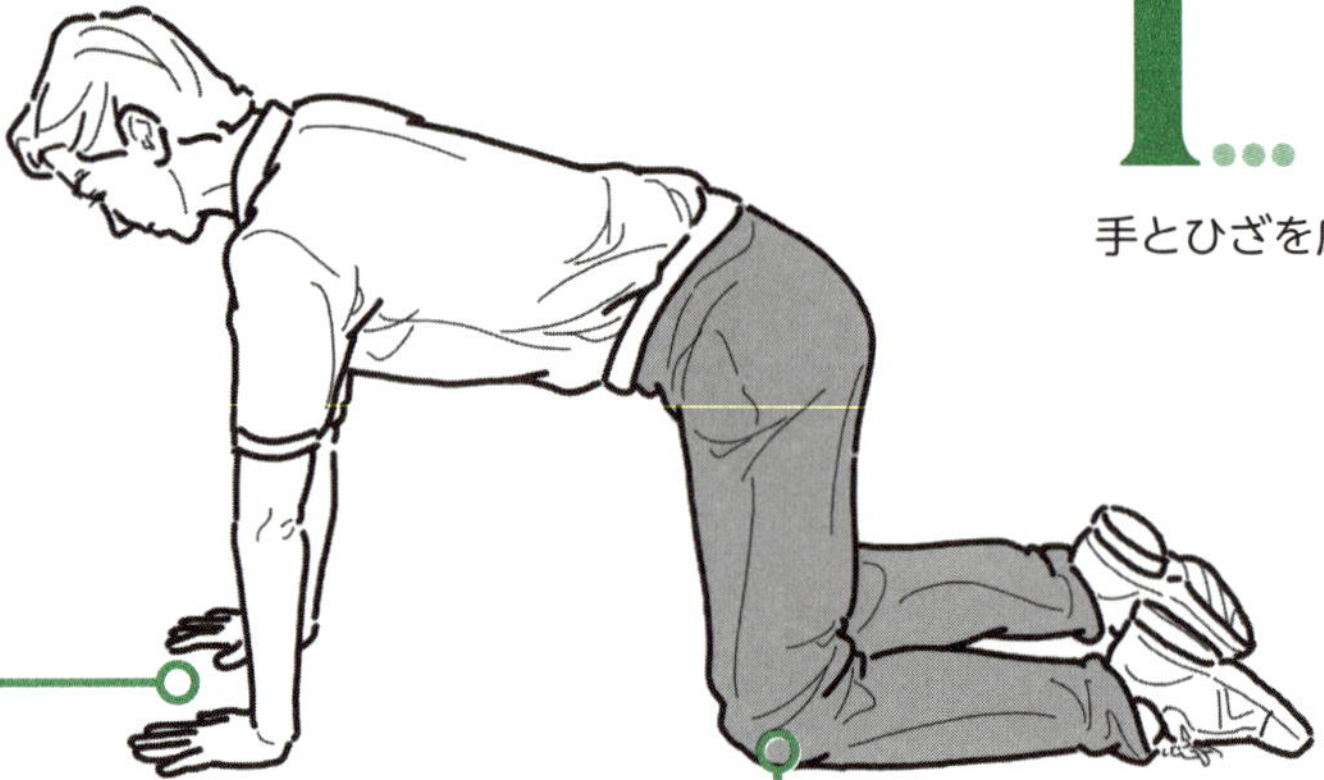

手は肩幅に開きます

ひざは手の幅にあわせます

2…

左手を上げ、前に伸ばします

右足を上げ後ろに伸ばし、
バランスをとります

**そのまま10秒キープ
反対側も行います**

GOLF EXERCISE

16 腹筋、背筋、殿筋を鍛える

1… 仰向けになり、手を胸で
組んで足を曲げる

2… ゆっくりとお尻を上げていき、トップまで
きたら、ゆっくりおろしていきます

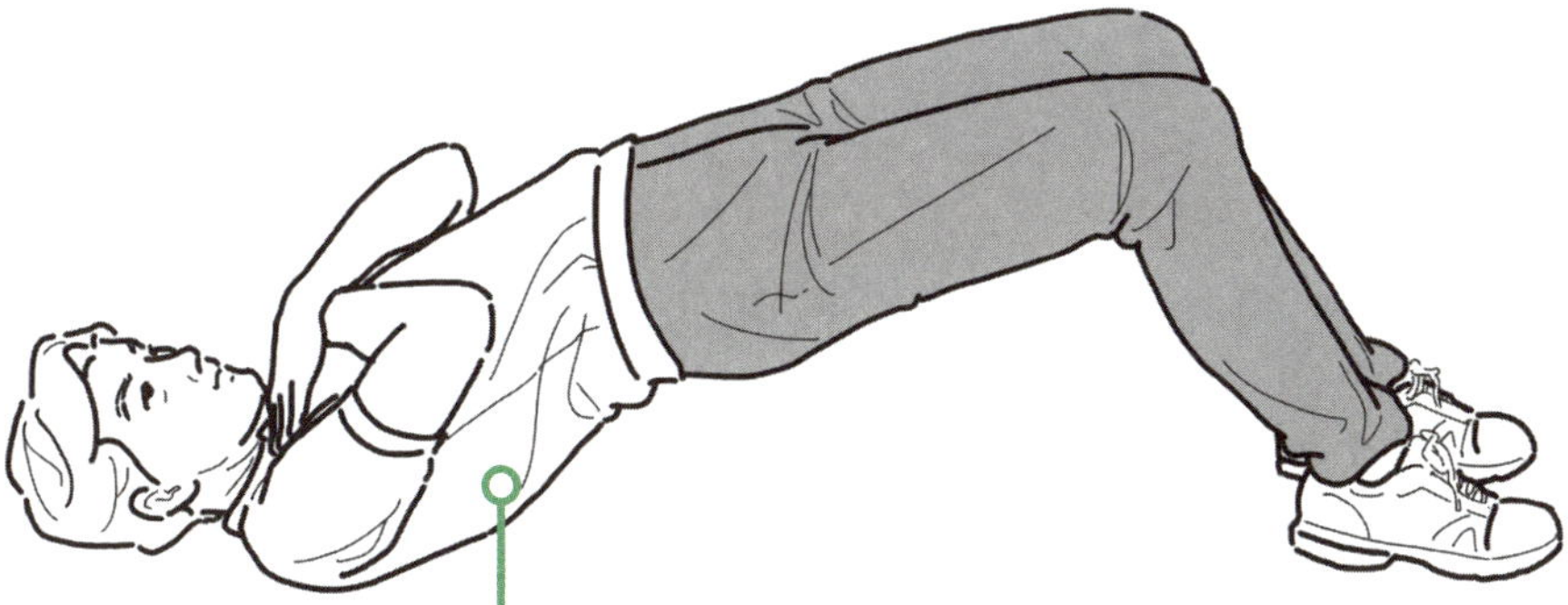

おろす時は、背骨が上から一つずつ
動くように、おろしていきます

1～2を繰り返します

GOLF EXERCISE

17 肩の柔軟性を高める

1...

横向きに寝てひざを曲げ、
腕を上げて90度に曲げます

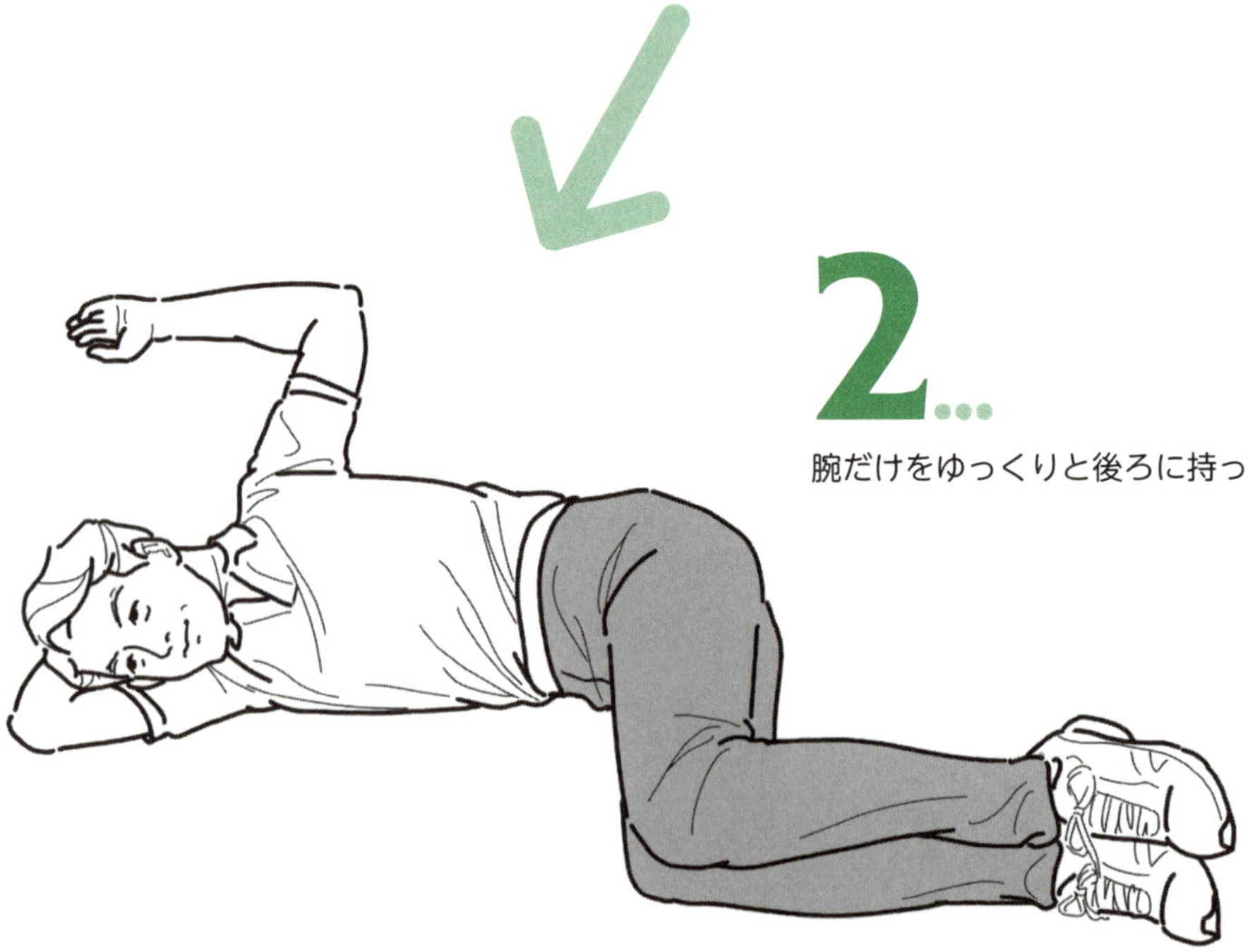

2...

腕だけをゆっくりと後ろに持っていきます

そのまま5～10秒キープ
反対側も行います

GOLF EXERCISE

18 側腹筋の柔軟性を高める

1… 両手を開いて仰向けになり、
左手を胸にのせます

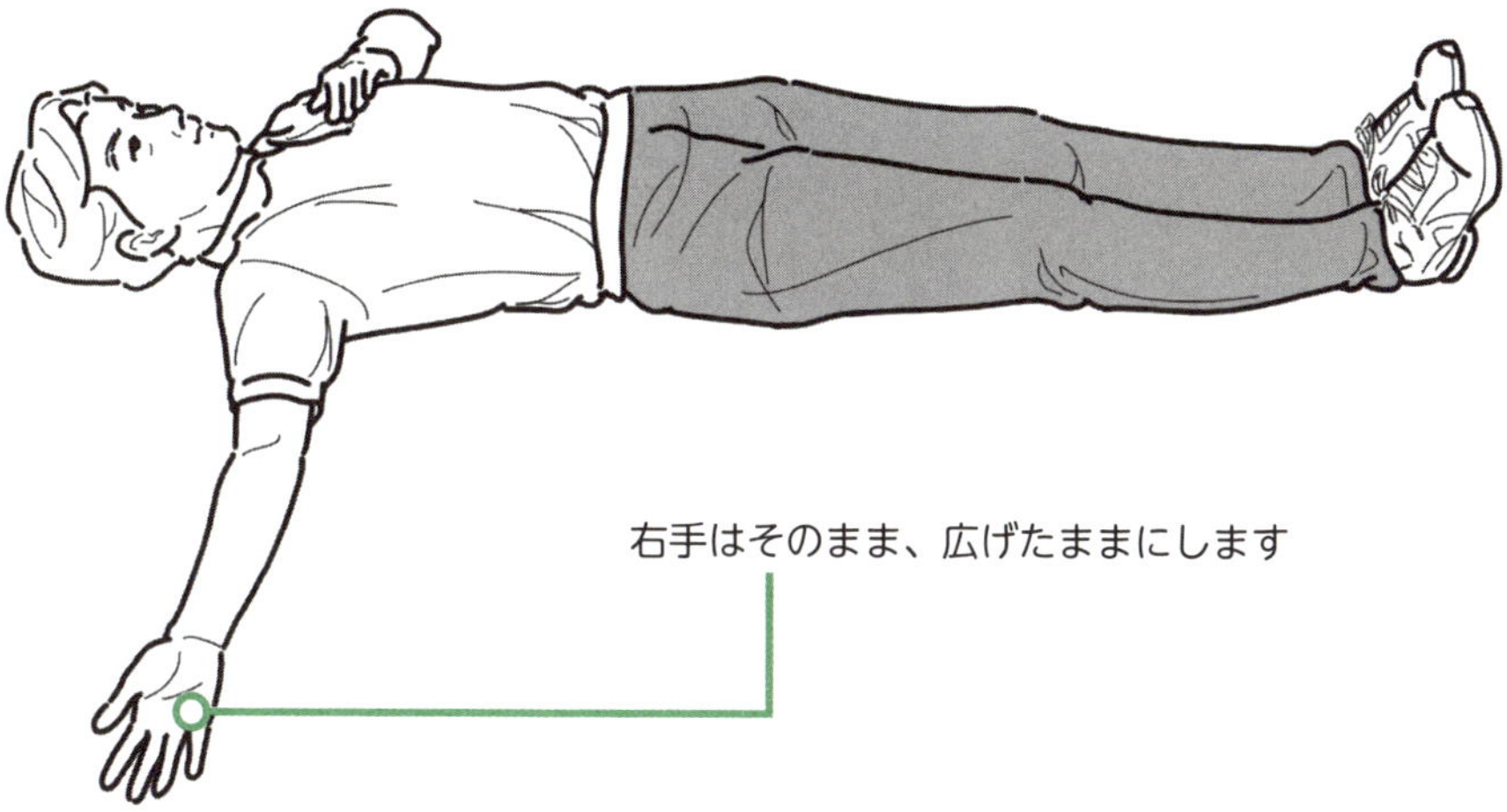

右手はそのまま、広げたままにします

2… 左手を右手に重ねていきます

左腰は上がらないように、
床につけておきます

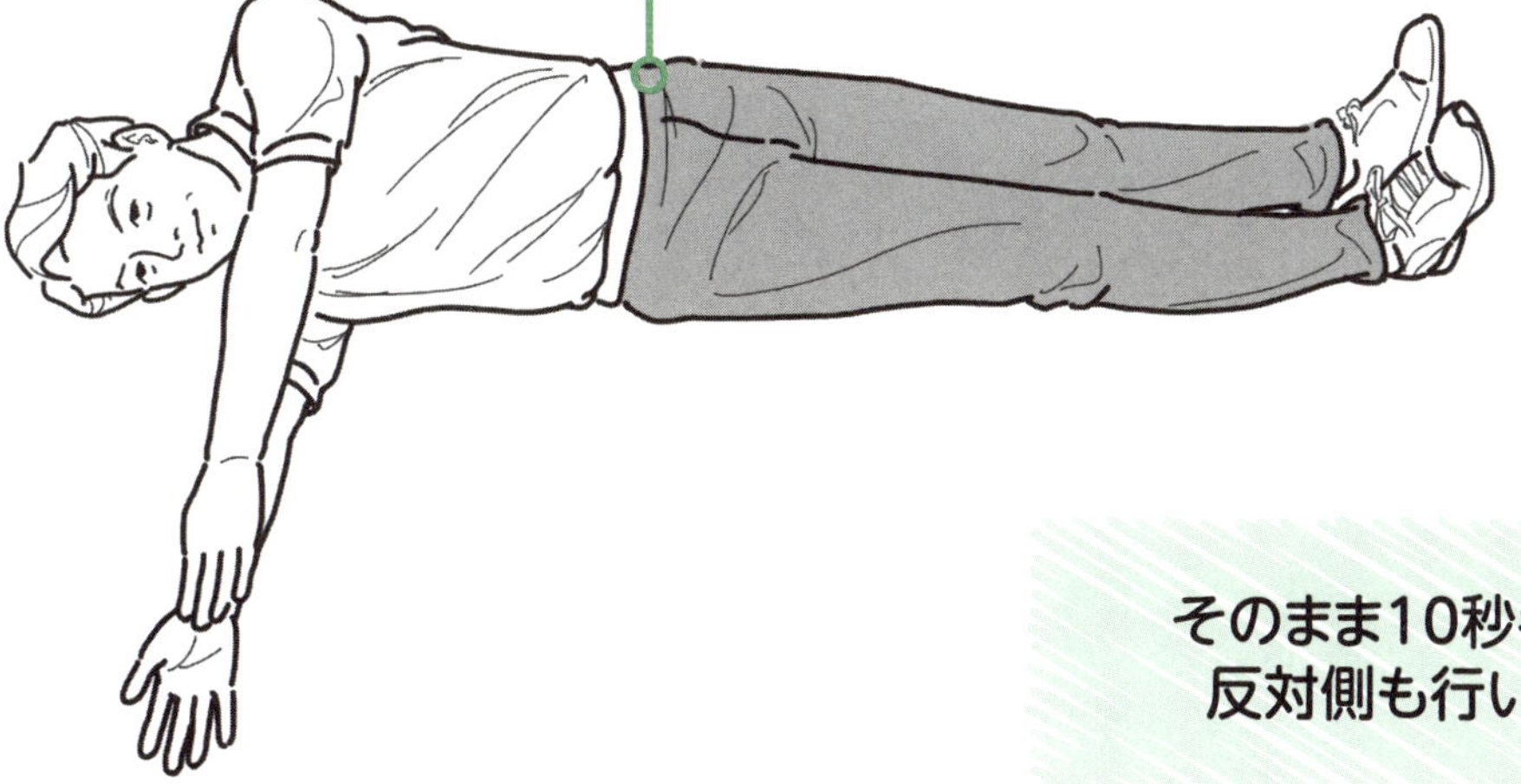

そのまま10秒キープ
反対側も行います

GOLF EXERCISE

19 股関節の動きをよくする I

1… 両腕を広げて仰向けに寝て、
足をそろえます

2… 片足を上げてつま先を
上下に動かします

3… 上げた足を、床につく直前
まで外側に倒します

4… 足を再び上げ、
1に戻ります

反対側も行います

*無理をしないこと
ひざを曲げて行ってもOK

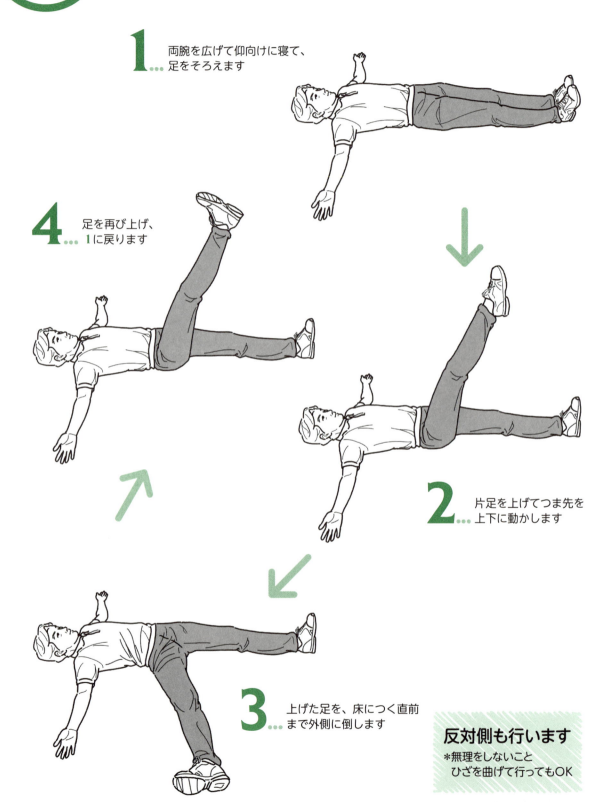

GOLF EXERCISE

20 股関節の動きをよくするⅡ

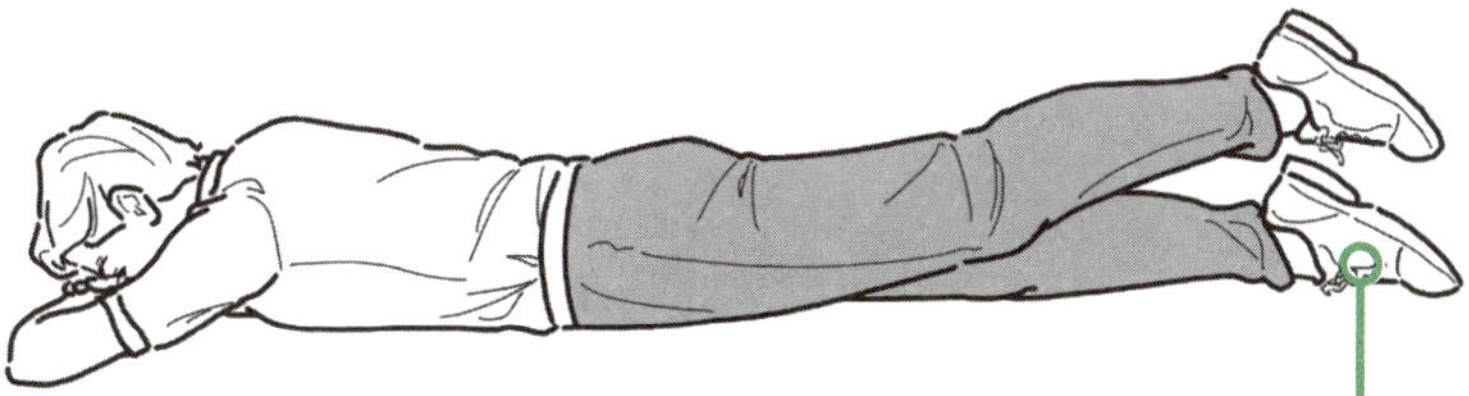
足は床にはつけません

1…

うつ伏せに寝て、足を交差させます

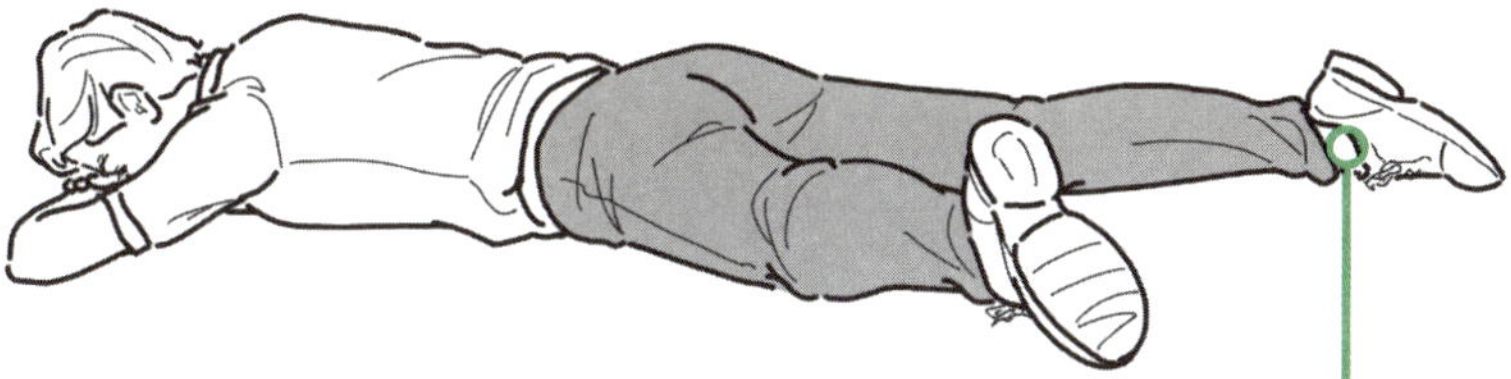
足は床にはつけません

2…

上になったほうの足を広げます

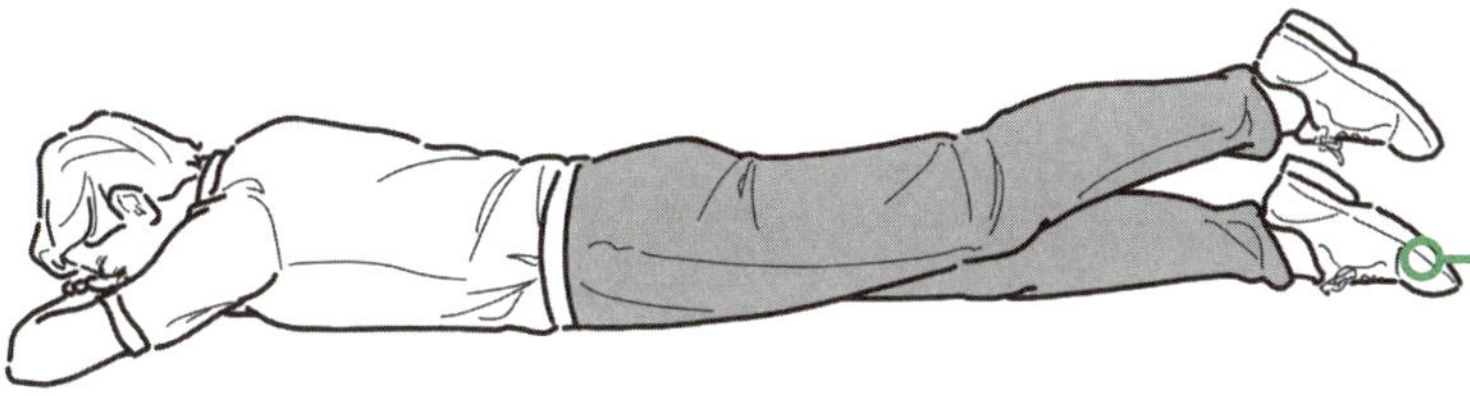
足は床にはつけません

3…

再び交差させます

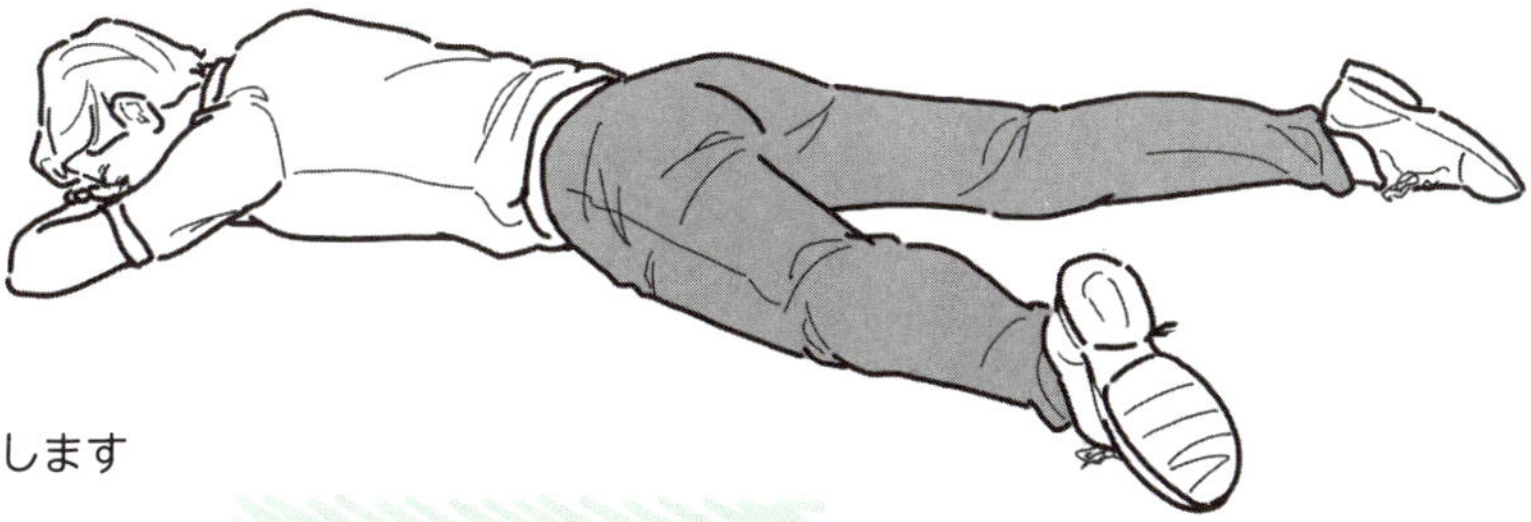

4…

もう一度広げてから床におろします

反対側も行います

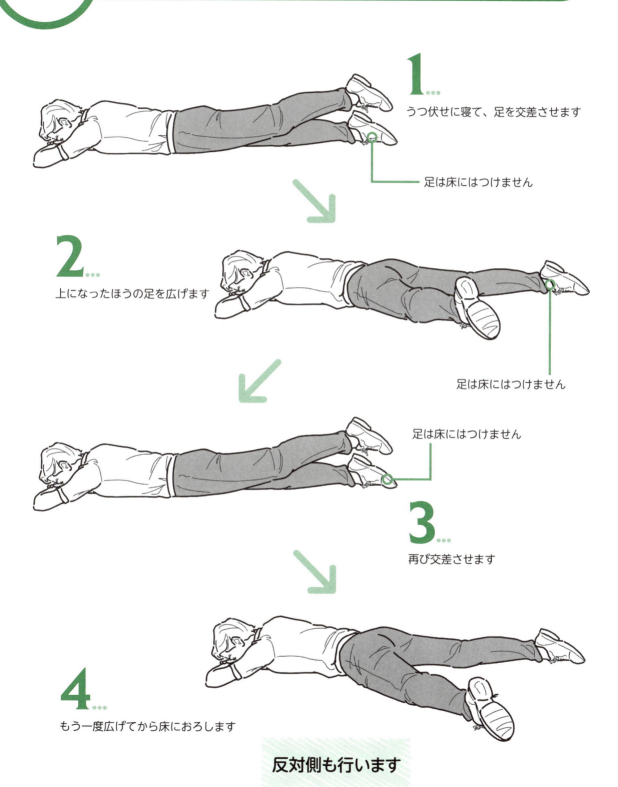

21 股関節の動きをよくする Ⅲ

補佐の人には、下になるほうの足のふくらはぎを挟んで、立ってもらいます

1… 横向きに寝て、両手は顔の下に、上になる足を90度に曲げます

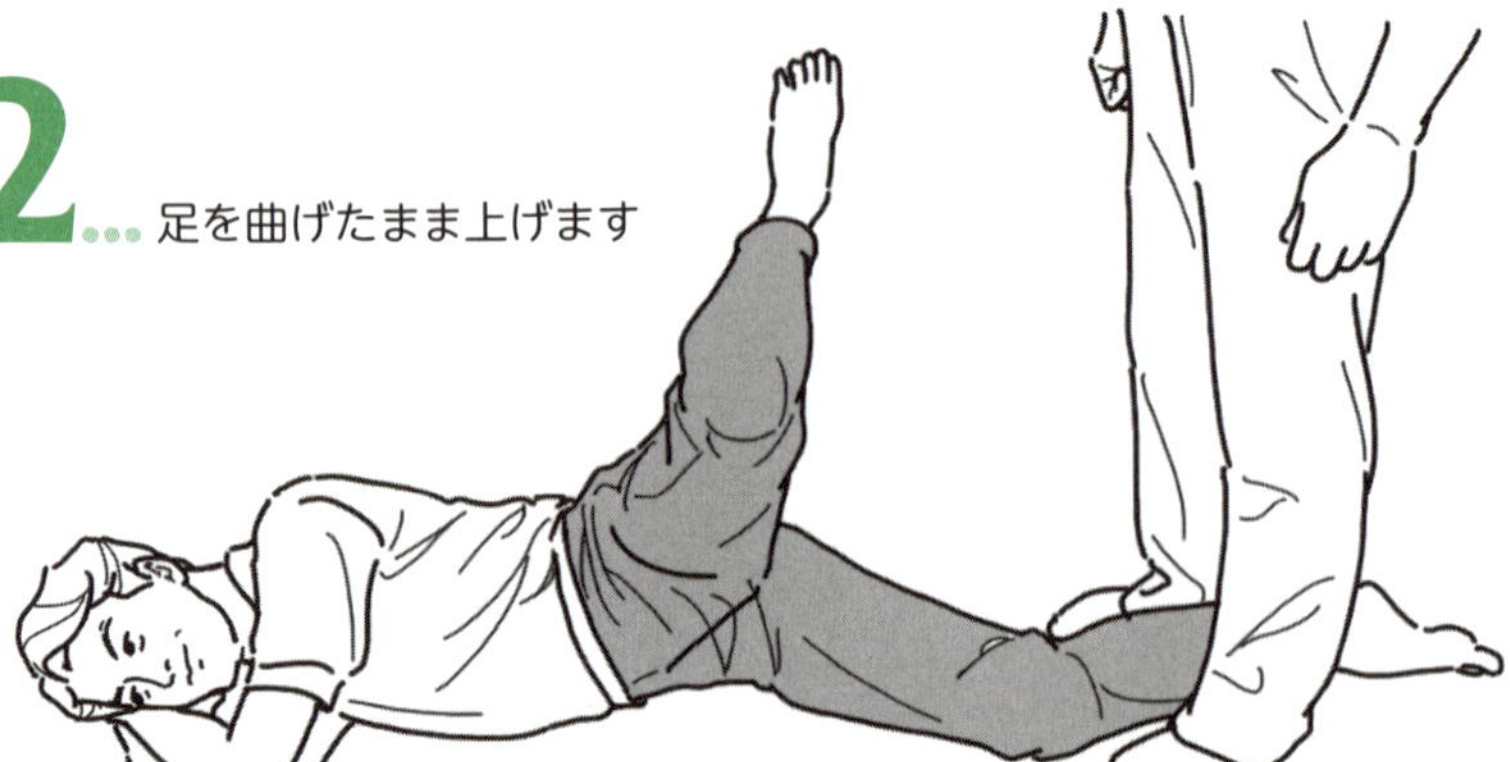

2… 足を曲げたまま上げます

5… もう一度上げて元に戻します

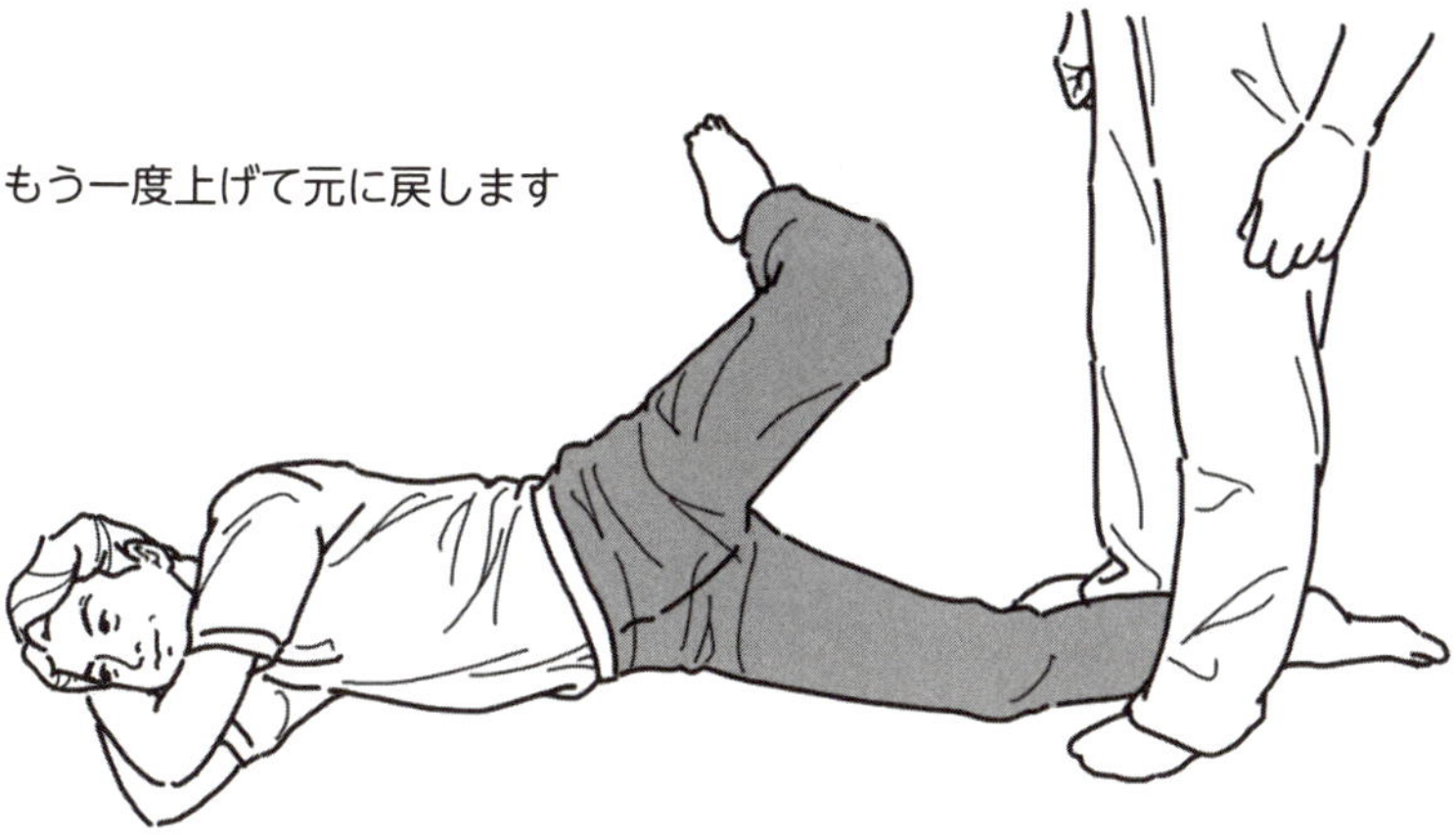

反対側も行います

4… そのまま足をおろします

3… 補佐の人に当たらないように、
足を後方に持っていきます

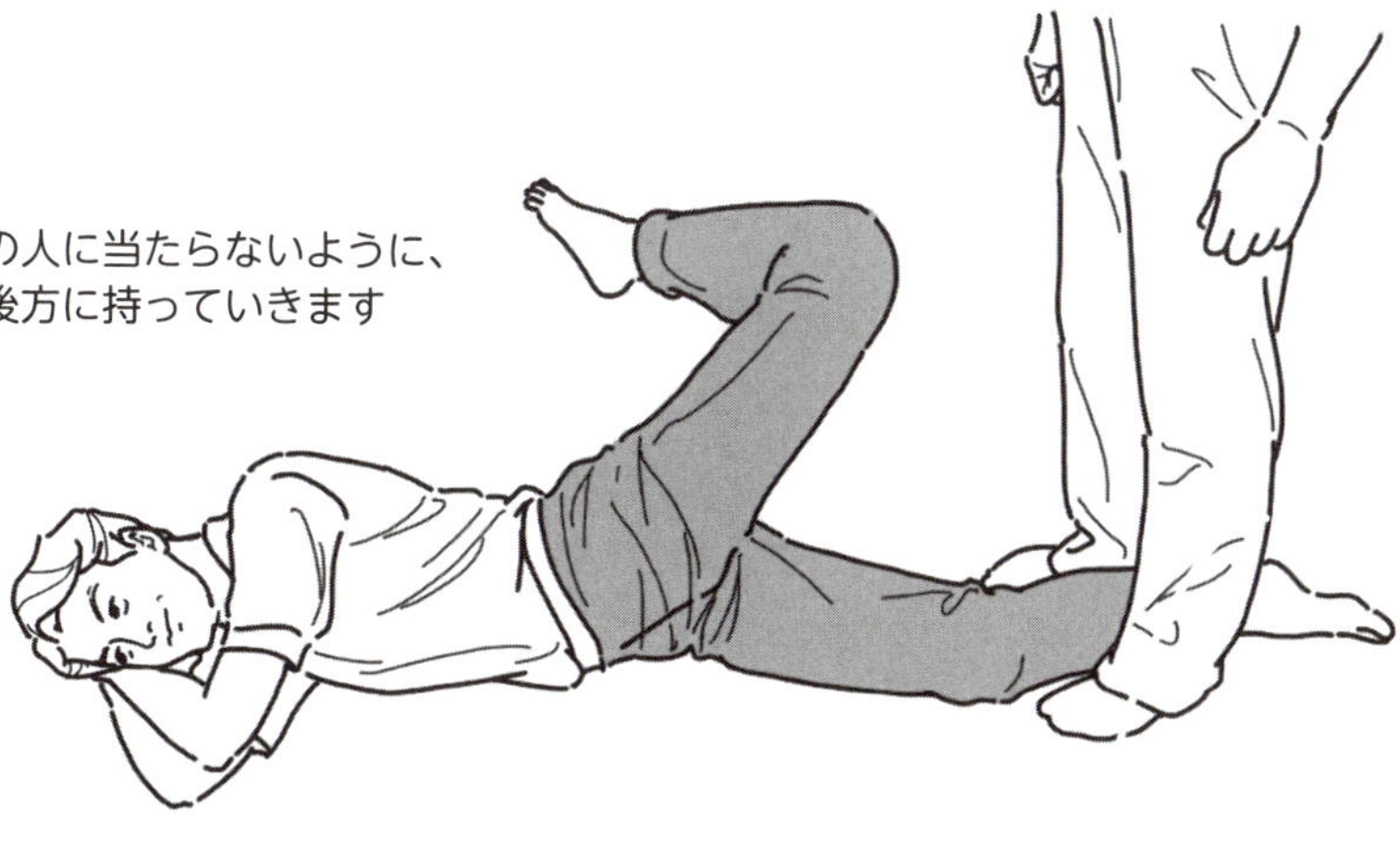

素朴な疑問

長年レッスンをしていると、意外な質問を受けることがあります。
ここではそんな、今さら誰にも聞けない素朴な疑問にお答えします。

Q

クラブを軽く握りなさいといわれますが、振った時に手から離れて飛んでいってしまいませんか？

A

クラブを軽く握っても、ボールをヒットする瞬間には自然にしっかり握っていますので、クラブが手から離れて飛んでいってしまうことはありません。

クラブを固く握ると、自分が動かす以上の動きを得ることはできません。

試しにクラブを固く握って、体の前で左右に振ってみてください。どんなに大きく振っても、シャフトは柔軟な動きをしません。

ところが、クラブを軽く握り、手首も柔軟にして体の前で左右に振ってみると、クラブの先端は楽に体の後ろまでいくほど、シャフトがしなります。

クラブのシャフトは柔軟性があり、これを活かすには、軽く握って手とグリップの間に「あそび」を作ることが必要なのです。この「あそび」が、スイングプレーンの大きさも作ります。また、ヘッドを走らせるのも実はこの「あそび」なのです。

クラブは飛んでいかないので心配せず、軽く握ってスイングしましょう。

また、グリップがつるつるで滑りやすい状態だと、つい強く握ってしまいます。定期的に交換するか、こまめに拭き取るなどしましょう。

Q

フォロースルーが大事だといわれますが、インパクトの瞬間からボールは離れていきます。打った後は、どうでもいいのでは？

A

フォロースルーは大変重要です。

ただし、フォロースルーそのものが重要なのではなくて、ボールをヒットするために重要なのです。

例えば100メートル走で、ちょうど100メートルのところに壁があると想像してください。そこで止まるためにはもっと手前からスピードダウンしなくてはなりません。

同じように、ボールをヒットした瞬間がスイングの最後だと思ってスイングすると、スイングスピードのマックスを得ることはできません。フォロースルーまでしっかり取ることで、ヒットする瞬間にマックスのスピードを得ることができるのです。

100メートル走でいえば50〜60メートルくらいのところでボールに当たり、残りの40〜50メートルがフォロースルーというわけです。

しかもフォロースルーは、ボールの方向性まで左右します。しっかりと打ち出し方向へフォロースルーを出すことで、ボールは打ちたい方向へまっすぐに飛んでいくのです。

インパクトは当たる瞬間ではなく、通過しているところと思いましょう。

Q

そんなに思いっきり振らず、力を抜けといわれます。かといって、力を抜くと、思いっきり振り抜けといわれます。どうしたらいいのでしょうか？

A

人によって多少違いますが、私はレッスンで、まずは思いっきり振ることを教えます。

野球の場合でいえば、スピードボールを覚えてから徐々にコントロールを覚えていくように、ゴルフでも初めからコントロールショットをするのではなく、まずは思いっきり振り抜くことを体に覚え込ませたほうがいい、と思うからです。

力を抜けというのは、アドレス時からテイクバックにかけてと、グリップの握り方に対していわれていることだと思いましょう。トップからダウンスイング、インパクトの瞬間、フォロースルーまでは、思いっきり振り抜きましょう。

振ることを怖がってはいけません。当てにいくゴルフは、正しいスイングからも遠ざかっていきます。

ただし、同時に基本のフォームを覚えていきます。正しいフォームであれば力いっぱい振り抜いてもボールはまっすぐに飛んでいきます。

たとえ、たまに曲がってOBを打ってしまったとしても、バーディーを2つとればいいではないですか。OBを怖がってティーショットからハーフスイングで打ったり、2オンできるかもしれないホールなのにドライバーを封印したりする人がいますが、そんなゴルフは楽しいですか？

正しいフォームに近づける努力と、思いっきり振り抜く勇気を持ちましょう。

Q アドレスの時には、どんな姿勢がいいのでしょうか？　お尻を極端に突き出す人がいますが、あれはどうしてですか？

A アドレス時には、猫背にならないように注意しましょう。

人は普通にしていると猫背になってしまいます。そのほうが楽なのです。多くのアマチュアは猫背で両手を前に突き出して構えます。これでは体の軸ができません。

お尻を突き出している人は、背中をまっすぐにするためにはお尻を突き出すといいといわれて、極端にお尻が出てしまっているのでしょう。それでバランスがとれているならいいのですが、スイングをしてふらつくようならば、考えものです。

アドレス時にはお尻を突き出すというよりも、やや胸を開くということを意識して立ってみてください。胸を閉じるという動作は比較的簡単にできるのですが、開くという動作はなかなか思うようにできない人が多いようです。

胸を開くと自然に背中がまっすぐになり、軸ができます。この状態だと、顔は前を向いたまま、肩が回って、左肩があごの下に入ります。これが肩が回るということです。

猫背では、いくら肩を回そうとしても回りません。

Q ゴルフがうまくなる「近道」はありますか？

A

プロのレッスンを受けることです。

自己流で定説に振り回されて、悪いフォームでこちこちに固まってしまった人を何人も見ています。1日も早くプロに見てもらって、できるだけ正しいフォームに近づけましょう。

その際重要なのは、素直になることです。いわれたままに体を動かし、ナイスショットの感覚を味わうことが大切です。いくら頭で理解しても、体が覚えなければうまくなりません。

もう一つの方法は、ゴルフに適した体を作ることです。近道には見えませんが、実はこれができていないために、いつまでたってもスコアが伸びない人がいます。

頭では理解できていてもその通りにできないのは、筋力や柔軟性がないからです。特に体幹が弱いために安定したフォームができず、バランスを崩し、ミスショットを重ねてしまうのです。スタミナ切れのため、後半になってスコアを崩す人も数多くいます。

毎日のストレッチやエクササイズで、ゴルフにあった体作りをしましょう。そうすれば、けがや故障も減り、結果的にゴルフがうまくなる近道となります。

自分のスイングを直すことを、怖がってはいけません。ちょっとの間我慢することで、すばらしいゴルフ人生が開けるのですから。

Q ゴルフは集中力のスポーツだといいますが、集中力をつけるにはどうしたらいいのでしょうか？

A 上手にリラックスすることです。

実は集中するほうが簡単なのです。ただし、18ホールずっと集中するのは無理です。そこで、オンとオフを上手に切り替えて、ショットの時にいい緊張感を持てるようにするために、リラックスする方法を身につけると、プレー時には集中できます。

プロの試合を見ていると、ショットとショットの間の移動時に、同伴プレイヤーと談笑したり、ストレッチをしながら歩いたりしています。アマチュアでも談笑しながらゴルフをしますが、それは大変いいことです。特にストレッチは大変重要です。

疲れてくると体は硬くなり、ミスショットにつながります。そこで、ショットを待つ間などに、体を軟らかくし、リラックスするためにもストレッチをしましょう。

大股で歩いて股関節を伸ばしたり、両手を頭上で組んで背筋や腕を伸ばしたりするといいでしょう。おすすめは、本書12ページのペンギンのポーズ。ちょっとした待ち時間でもできますので、ぜひ試してみてください。

オンとオフを上手に切り替えましょう。

Q

ボールの後ろからターゲットを見て方向を決めますが、いざ立ってみると左または右を向きすぎているように感じられるのはなぜですか？

A

ショットの際に、ボールの後ろからターゲットを見て方向を決め、横を向いてアドレスをすると、**目の錯覚で後ろからターゲットを見た時との感覚差がどうしても出てきます。**

野球のバッティングやゴルフのショットは、正面を向いて横に打ち出すという、なんとも不自然な形でボールを操りますが、野球は90度に広がったフィールドのどこかへ打てばいいので、ある程度アバウトにできます。ところがゴルフの場合は、ピンポイントにボールを運ぶ必要があるため、ちょっとした錯覚が致命的なミスになります。

アドレスに入る手順を間違えていると、右を向いてしまうことがあります。クラブは右手に持ち、打ちたい飛球線に対してフェースを直角にあわせ、右足の位置を先に決めます。この状態でグリップし、左足の位置を決めます。こうすれば、肩の線が、右に向いてしまうことはありません。

特に初心者は、アドレスをしてから打つ方向を見ると左に向きすぎていると錯覚し、右に修正してしまいがちです。そこで、後ろから見た時に目標とボールを結ぶ線上でボールから1メートル以内にスパッツ（目印）を見つけ、アドレスに入ってからは、決めたスパッツとボールを結ぶラインだけを見て、打つ方向を見ないのも一つの方法です。

大事なのは迷わずに、信じて打つことです。

Q

風が強い日や雨の日はミスショットが多いのですが、やっぱりコンディションのせいでしょうか?

A

もともとゴルフは、風や雨をも楽しむスポーツです。**コース攻略だけでなく、自然が作り出すコンディションさえも攻略するのが、ゴルフのおもしろさ。**こう思うことができれば、その日の風や雨の半分は克服できたようなものです。

一般的な傾向としては、風が止んでいるうちに打とうと思ったり、濡れるのが嫌だったりして、どうしてもスイングが速くなってしまいがちです。むしろ風雨の強い日は、普段よりもゆっくり振るようにしましょう。

ゆっくり振ることができると、ミスショットは意外と少なくなります。ぜひ試してみてください。

動きやすいウインドブレーカーや雨具を身につける、濡れたクラブを拭くタオルを用意するなどの工夫も大切です。

また、風だけでなく暑さや寒さなどもプレーに影響してきます。こうした条件の悪い時のゴルフは、気の持ちようで大きく変わります。嫌だな、と思ってプレーしていると、ちょっとしたミスも天気のせいにして、ますますスイングを乱しがちです。**悪天候の時ほど、ゴルフそのものを楽しみましょう。**

Q

頭を残してボールをよく見ろといわれます。ちゃんと見ているのですが、当たらないのはなぜですか？

A

ボールを見すぎてはいけません。

インパクトの瞬間ばかりに気を取られると、当てにいったり、力が入りすぎたりしてしまいます。

アドレスでボールの位置を確認したら、そこからはボールのある場所を通過するといった意識でクラブを振ります。見るか見ないか程度でよいのです。

また、アドレス時にクラブのフェースをボールに対して90度（正対）にあわせるため、ボールに当たる瞬間はフェースがそのように当たっていなくてはいけないと思い込んでいる人がいます。

実際には円軌道の中で当たるので、ほんの一瞬90度に正対しているだけなのです。それを意識するあまり、90度で当てようとすると、インパクトの瞬間にヘッドスピードが落ちてしまいます。

ボールはスイングの軌道の中に存在するだけで、軌道の目安と思いましょう。その上でボールに対しては、これからこういう風に、あの目標に向かって打つと「公約」します。このほうが大切です。

どこにどう打つかを意識して振るのと、漠然と振るのとでは雲泥の差があります。

Q **コックは必要ですか？　スイングのどの段階でコックすればいいのでしょうか？**

A **コックを意識しすぎてはいけません。**

いつどこでコックするかと意識しなくても、アドレス時にハンドファーストに構え、ソフトにクラブを握り、手首とグリップを柔らかく使うことを心がけると、自然にコックします。

ポイントはグリップを軽く握ること。そうすると手首も柔らかく使えるので、テイクバックにつれて、自然にコックします。

試しに練習場などでゆるゆるのグリップでテイクバックをとってみてください。コックしないで振り上げるのはかえって難しいと思えるはずです。しかも、ハンドファーストに構えると、ほとんど自然にコックすることができます。

ところが、コックすることを意識しすぎるとかえってグリップが固くなったり、体に力が入ってしまうので、ミスショットにつながります。意識のしすぎには注意しましょう。

また、インパクトの直後、再び手首を縦に動かし、クラブが立っていく「リコック」も重要です。これができるようになると、力強いボールが打てるようになります。リコックができるようになるには、フォロースルーを最後まできちんととることです。素振りの時からきちんと振り抜きましょう。

よく、素振りを途中で止めてしまう人がいますが、フォロースルーまで本番同様に振ることをおすすめします。何はともあれ、**コックはグリップと手首の軟らかさがポイントです。**

Q

アイアンは上から打ち込めと教わりましたが、ダフりそうで不安です。

A

最近のクラブは打ち込まず、インパクトを点ではなく線にして、払います。

古いタイプの重いアイアンを使っている人は、よく上から打ち込めといいます。しかし、最近の低重心アイアンであれば、ボールをクリアに打つだけで自然とボールは上がります。

また、インパクトは点ではなく、線です。ボールを打とうとするあまり、ボールに向かってクラブを振り下ろそうとするとダフってしまうのは当然です。ボールをよく見て、ボールに当てよう当てようとすると、どうしてもまっすぐ振り下ろしてしまうのでしょう。

ボールを打つのではなく、クラブが通過する線の中にボールがあると思いましょう。人によってそれは10センチメートルだったり、30センチメートルだったりします。点ではなく線だと意識するだけで、しっかり振り抜けるようになり、ダフリは極端に減ります。

練習場のマットでドスンドスンと音をさせてたたいている人に、名人はいません。

Q

1メートルのパットを、繰り返し練習するとよいそうですが、そんな簡単で単調な練習に意味がありますか？

A

1メートル前後のショートパットだからこそ、練習するのです。まずは、まっすぐのラインをちゃんと打つ練習をしてください。

もし百発百中で入れば、あなたはシングルに近づけます。試しに、スコアカードに1メートル以内のパットを外した回数をメモしてみてください。きっと1ラウンドで5つでは済まないのではないでしょうか。この距離を確実に入れているゴルファーは、スコアも大崩れしません。

では、どうしたら、百発百中で入るようになるのでしょうか。それは練習しかありません。練習で100%入れて、「この距離は入る」という絶対の自信を持つことが本番でのミスをなくしてくれるのです。

プロの選手の多くも、この練習は欠かしません。芝目や傾斜を読んで、ロングパットを入れるのもプロの技ですが、実は短いパットを確実に入れるのもプロに要求される高度な技なのです。

ゴルフ場ではプレー前にパットの練習をしますが、練習の最後には、必ずこの1メートルのパットを数回繰り返しましょう。そして、すべてのパットを入れて、気持ちよく練習を終えましょう。この時の感触を残して、自信を持ってプレーに臨めば、きっとその日はよいスコアになります。

また、ショートパットは決してあわせにいかず、攻めの気持ちで「ヒット」すること。**すべてストレートのラインと思ってしっかり打ちましょう。**

Q **ショットの時は、「チャー・シュー・メン」といいながら打てと教わりましたが？**

A **スイングのリズムは、必ずしも「チャー・シュー・メン」でなくてもいいです。**

リズムは確かに大切です。ただ、私個人は最近の長尺・軽量・デカヘッドのクラブでは、「チャー・シュー・メン」よりも1拍少ない、「チャー・シュー」か「ワン・ツー」の2拍子のほうが自然に大きなスイングになると考えています。

これは個人差があるかもしれませんが、「チャー・シュー・メン」と覚えた時、「メン」がインパクトだとすると、そこですべてが終わった気がして、フォロースルーがいい加減になってしまわないでしょうか。

しかも、「メン」で打とうとするあまり、インパクトが点になり、ダフってしまうこともあります。それよりも、インパクトの瞬間にスイングが止まってしまうのではなく、「シュー」で最後まで振りきったほうがスムーズなスイングになるような気がします。

いずれにしても、一番大事なのは、それぞれの人が気持ちよく振れるテンポを見つけるということです。**毎回同じテンポで、クラブを振り抜くことを覚えましょう。**

さくいん

あ

アドレス …… 38、39、42、83
雨対策 …… 87
インパクト …… 49、50

か

回転 …… 20
風対策 …… 87
下腿三頭筋 …… 71
肩の筋肉 …… 58
肩の柔軟性 …… 18、23、74
下半身 …… 37
首の筋肉 …… 58
グリップ …… 46、47、48、80
股関節 …… 32、33、34、52、76、77、78

さ

左右の連続横跳び …… 43
三角形 …… 28
軸回転 …… 30
上半身 …… 35
上腕 …… 25、28、59、72
スイングプレーン …… 48、53
側腹筋 …… 65、66、67、68
側腹筋の柔軟性 …… 75

た

体重 …… 38、42
体重移動 …… 40、43
大腿筋 …… 70、71、72
ダウンスイング …… 40、41
テイクバック …… 16、19、21、22、40
手首の返し …… 23、45
手首の柔軟性 …… 49
殿筋 …… 73
トップ …… 41
トップスイング …… 22

さくいん

な

内転筋 …… 36、54
猫背 …… 83
ねじり …… 48

は

背筋 …… 54、59、60、69、72、73
パッティング …… 51
バラバラに動く …… 13、14、15
バランスのいい筋肉 …… 44
飛距離を伸ばす …… 14
ひじの柔軟性 …… 27
左の壁 …… 40
フィニッシュ …… 31
フォロースルー …… 16、21、23、31、81
ふくらはぎ …… 71
腹筋 …… 62、63、64、68、69、73
振り抜く …… 82
ヘッドスピード …… 24、26、30、47、48
ペンギンのポーズ …… 12

ま

右の壁 …… 40
胸の筋肉 …… 61

ら

リラックス …… 85

わ

脇の締まり …… 26、27
脇腹 …… 16

平林孝一

（ひらばやし・こういち）

1949年、長野県上田市生まれ。19歳で初めてクラブを握り、1977年、プロテスト合格。よみうりゴルフ倶楽部所属。レッスン歴40年のキャリアを持ち、「楽しく上達する」をモットーとしたレッスンは、ゴルフに適した体作りにも配慮され、好評を得ている。現在も、よみうりゴルフガーデンでレッスンを行っている。

本書は、『体感！体幹ゴルフ入門』（小社）を加筆・再編集したものです。

1日1分！かんたん！100を切る！

体幹ゴルフ入門

2017年4月20日　第1刷発行

［著者］
平林孝一

［発行人］
見城 徹

［発行所］
株式会社 幻冬舎
〒151-0051　東京都渋谷区千駄ヶ谷4-9-7
電話 03(5411)6211(編集)
03(5411)6222(営業)
振替　00120-8-767643

［印刷・製本所］
株式会社 光邦

ISBN978-4-344-03106-7　C0095
幻冬舎ホームページアドレス　http://www.gentosha.co.jp/
この本に関するご意見・ご感想をメールでお寄せいただく場合は、
comment@gentosha.co.jp まで。